Volker Klüpfel · Michael Kobr

Mahlzeit!
Das Kluftinger Kochbuch

Unser Verlagsprogramm finden Sie
unter www.christian-verlag.de

Idee und Konzept: Florentine Schwabbauer
Produktmanagement: Janna Heimberg
Textredaktion: no:vum, Susanne Noll,
Leinfelden-Echterdingen
Korrektur: Julia Kaufhold
Satz: Elke Mader, München
Layout und Umschlaggestaltung: X-Design, München

Texte: Michael Kobr und Volker Klüpfel
Rezepte und Foodstyling: Silke Kobr
Fotografie: Fotos mit Geschmack,
Ulrike Schmid und Sabine Mader

Druck und Bindung: Printer Trento
Printed in Italy

Die Deutsche Nationalbibliothek verzeichnet diese Publi-
kation in der Deutschen Nationalbibliografie; detaillierte
bibliografische Daten sind im Internet
über http://dnb.d-nb.de abrufbar.

© 2010, Christian Verlag GmbH, München
2. Auflage 2011
Alle Rechte vorbehalten.

ISBN 978-3-88472-890-1

Alle Angaben in diesem Werk wurden von den Autoren
sorgfältig recherchiert und auf den aktuellen Stand ge-
bracht sowie vom Verlag geprüft. Für die Richtigkeit der
Angaben kann jedoch keinerlei Haftung übernommen
werden.
Für Hinweise und Anregungen sind wir jederzeit dankbar.
Bitte richten Sie diese an:
Christian Verlag
Postfach 400209
80702 München
E-Mail: lektorat@verlagshaus.de

Bildnachweis:
Umschlagabbildungen:
Fotos mit Geschmack/Ulrike Schmid, Sabine Mader
(Hintergrund)
©iStockphoto.com/ermingut (Stange)
©iStockphoto.com/seraficus (Warnschild)
©iStockphoto.com/linearcurves (Besteck)

Innenteil:
©iStockphoto.com/loops7 (Post-it)
©iStockphoto.com/Mervana (Polaroid)
©iStockphoto.com/enjoynz (Wein-Symbol)

Volker Klüpfel · Michael Kobr

Mahlzeit!
Das Kluftinger Kochbuch

Fotos von Ulrike Schmid und Sabine Mader

CHRISTIAN

Inhalt

Die Rezepte sind für vier Personen, außer ich ess mit, dann reicht's nur für zwei!

Einleitung 12

Daheim schmeckt's doch am besten – meistens jedenfalls ... 16
Gulasch à la Kluftingers 18
Eingemachtes Kalbfleisch 21
Fleischküchle 22
Kässpatzen 25
Tomatenspätzle + Spinatspätzle 28
Gefüllte Kalbsbrust 31
Schweinebraten 32
Kluftingers feine Grillmarinade 36
Rahmgeschnetzeltes mit gemischten Pilzen .. 41
Leberknödelsuppe 42

Was andere fast so gut können wie Erika 44
Rouladen 47
Allgäuer Filettöpfle 48
Surbraten 53
Zwiebelrostbraten 54

Flüssige Nahrung, die kein Bier ist 82
Rinderbrühe 84
Hochzeitssuppe + Riebelesuppe 87
Brandteigknödelsuppe 91
Backspätzlesuppe + Leberspätzlesuppe 92
Brätstrudelsuppe 95
Brätknödelsuppe + Brätspätzlesuppe 96
Flädlesuppe + Grießknödelsuppe 98
Grüne Krapfen + Biskuitstreiflesuppe 101
Kässuppe + Mostsuppe 104

Wenn's mal wieder länger dauert: MEB (Mobile Einsatz-Brotzeit) 56
Brotzeit 58
Gschwollene mit Kartoffelsalat 63
Abgeröstete Maultaschen 64
Saurer Käs 66
Saurer Presssack 68
Tellersulz 71
Käsestrudel 74
Überbackene Seelen 77
Wurstsalat 80

8 Inhalt

Mehlspeisen – wenn's sein muss! 106
Apfelküchle 108
Apfelspatzen 111
Dampfnudeln 112
Holderküchle + Grießschnitten 115
Kartoffelnudeln + Kratzet 116
Kirschenmichel 121
Scheiterhaufen 123
Versoffene Jungfern 125
Krautkrapfen + Krautspatzen 129
Krautschupfnudeln 130
Zwetschgenknödel + Zwetschgenknöpfle 132

Was Erika vor Kluftinger immer verstecken muss 134
Kluftingers himmlische Lieblingstorte 136
Allgäuer Kirschkuchen 141
Früchtebrot 142
Apfelkuchen mit Rahmguss 145
Apfelstrudel 148
Auszogene 151
Erikas Aprikosenwähe 152
Zwetschgendatschi 157
Allgäuer Käsekuchen 159
Memminger Zuckerbrot 160
Seelenzopf 162
Speckzelten 167

Spargerichte vom Pfennigfuchser Kluftinger 168
Gröstl 170
Käskartoffeln 173
Arme Ritter + Brotsuppe 174
Saure Leber + Saure Kutteln 179
Pfifferlingsomelette 181
Erdbeer-Rhabarber-Bananen-Konfitüre 183

Register 184
Dank 185

Morcheln und Meucheln

Krimi und Kochen – passt das zusammen?

Meucheln und Morcheln?

Würgen und Würzen?

Aufbrühen und Abknallen?

Berechtigte Fragen, die wir mit diesem Buch hoffentlich alle beantworten werden. Nach dessen Lektüre werden Sie bestimmt zu demselben Schluss kommen wie wir: Mit Ermitteln und Essen wächst endlich zusammen, was zusammengehört.

Der simpelste, oberflächlichste, aber deswegen nicht weniger wahre Beleg für diese Behauptung ist der folgende: Polizisten essen. Auf den ersten Blick eine Binsenweisheit, aber das scheint nur so. Oder haben Sie Derrick schon einmal in der Betriebskantine gesehen? Beim Italiener? Am Kühlschrank? Das wäre auch ziemlich ungesund, schließlich ging Derrick auch nie aufs Klo.

Sehen Sie!

Unser Kluftinger dagegen isst.

Gerne und viel.

Und gerne viel.

Schon unser erstes Buch trägt ein Lebensmittel im Titel und beginnt mit einer Essensszene. Denn auch Kommissare sind Menschen mit menschlichen Bedürfnissen – das haben wir in jahrelanger, knallharter und investigativer Recherche herausgefunden.

Damit wäre also die Grundannahme bewiesen. Doch es geht noch weiter. Tatsächlich gibt es eine besonders enge Beziehung zwischen Dienstzeit und Mahlzeit. Denn Polizisten, vor allem diejenigen, die wie Klufti zur Kripo gehören, haben einen besonders nervenaufreibenden Berufsalltag mit unregelmäßigen Arbeitszeiten zu bewältigen. Das bedeutet: Man muss sich etwas einfallen lassen, um trotzdem nicht vom Fleisch zu fallen und die im Allgäu gesetzlich

Autoren produzieren gern mal heiße Luft.

vorgeschriebene Mindestzahl von fünf Mahlzeiten pro Tag zu sich nehmen zu können. Dadurch bekommt Essen für diese Berufsgruppe eine noch größere Bedeutung als für Normalsterbliche, was sich direkt proportional in Kluftingers Bauchumfang niederschlägt. Erschwerend kommt hinzu, dass man am Wochenende wegen dieser ständigen Zwischendurch-Esserei das Gefühl hat, die ganze Woche über nichts Rechtes gegessen zu haben, und dann erst so richtig schlemmt.

Nachdem das also bewiesen wäre, gehen wir direkt zur Frage über: Was essen Allgäuer Polizisten? Was isst jemand, der einen wachen Geist braucht, eine schnelle Auffassungs- und Kombinationsgabe, der immer auf dem Sprung ist, ständig zu irgendwelchen Tatorten gerufen wird und dort auch auf wenig appetitliche Szenarien trifft? Na klar, werden Sie sagen, etwas Leichtes brauchen solche Menschen, etwas, das nicht belastet, trotzdem nahrhaft ist und die Nerven stärkt. Aber: Von Klosterfrau-Melissengeist wird niemand satt und außerdem sind wir ja eben im Allgäu. Da geht man nicht aus dem Haus, ohne zuvor bereits den Kalorienbedarf für den Tag gedeckt zu haben. Schließlich – das rührt von unserer Herkunft aus einsamen Bergdörfern her – weiß man ja nicht, wann einem wieder ein Schweinebraten über den Weg läuft, wann die nächste Kaffeepause mit Zwetschgendatschi und Sahne möglich ist und ob abends daheim wirklich ein saurer Presssack wartet.

Aber nicht, dass Sie jetzt denken, zu den genannten Gerichten kommen noch Kässpatzen dazu und das war's dann mit der Allgäuküche. Auch der Allgäuer Polizist im Allgemeinen und Kluftinger im Besonderen liebt – in Maßen natürlich – kulinarische Abwechslung. Dabei müssen die Gerichte allerdings einigen Prinzipien genügen:

1. Zunächst bevorzugt der Allgäuer traditionelle Gerichte, die er (oder sie) schon als Kind gegessen hat. Aha, denken Sie jetzt, alles nicht gerade modern. Aber bei näherem Hinsehen ist Kluftingers

Allgäuer Abendeinladung

Allgäuküche genau das. Das würde er aber natürlich nie zugeben, sondern dieses Attribut eher Langhammers Tofu-Curry zuschreiben – wenig schmeichelhaft gemeint, versteht sich. Kluftinger schätzt traditionelle Produkte nämlich nicht als Reaktion auf einen Trend, sondern weil es für ihn eben am meisten Sinn ergibt, vor der Haustür einzukaufen, zu schlachten oder zu ernten. Denn frisch schmeckt's eben am besten. Das hat jedenfalls seine Mutter, für ihn gleichzeitig die Mutter aller Köchinnen, immer gesagt. Und er hat diese Behauptung ungeprüft übernommen – wie hätte er auch daran zweifeln können, bei einer Frau, die Kässpatzen in Vollendung beherrscht?

2. Wenn Kluftinger sich einen Weißlacker über die Kässpatzen streut, denkt er nicht daran, dass der vom Aussterben bedroht ist, sondern dass er würzig ist wie kaum ein anderer Käse. Soll heißen: Der Zweck heiligt die Mittel.

3. Wenn er dann auch noch die Allgäuer Küche lobt, dann ist ihm egal, ob dies Ausdruck nicht nur soziokultureller, sondern auch topografischer und ökonomischer Gegebenheiten seiner Heimatregion ist. Es geht ihm nur darum, dass es ihm schmeckt und dass es sein Magen verträgt – in seinem Alter ein nicht zu unterschätzender Vorteil gegenüber indischem Chicken Byriani.

Das Essen erfüllt für Kluftinger auch noch eine für Kriminalbeamte nicht unwichtige Zusatzfunktion: Dabei kann er abschalten, ist der Fall auch noch so ungelöst. Er braucht kein autogenes Training, kein Yoga, kein Tae-Bo und Tai-Chi, kein Jogging und kein Golf. Und ein ausgeruhtes Kommissar-Hirn ist der größte Verbrecherschreck. Einen Wurstsalat zieht Kluftinger demnach jeder Beruhigungspille vor. Sein Mantra ist nicht „Om", sondern „Hmmmmm".

Machen Sie mit, probieren Sie es aus:
„Hmmmmmmmmmmmmmmmm...mahlzeit"!

Einleitung **15**

Daheim schmeckt's doch am besten – meistens jedenfalls ...

„Gar nicht mal ganz schlecht, Mutter!"

Es scheint ein verhaltenes Lob, doch Kluftingers Mama zaubert es regelmäßig ein Lächeln ins Gesicht: Gott sei Dank, dem Bub hat's geschmeckt – auch wenn der Bub schon über 50 ist. Umgekehrt schmeckt's dem eben bei der Mutter auch am besten, auch wenn Kluftinger das vor seiner Frau Erika nicht ganz so deutlich sagen kann.
Bei den folgenden Gerichten läuft Klufti schon bei der Nennung des Namens das Wasser im Mund zusammen. Gerade, wenn's, wie bei seiner Mutter, auch mal ein „Flöckle Butter mehr" sein darf. Die Erika spart ja immer eher am Fett, neuerdings ...

Brautradition aus Kempten
EINE DER ÄLTESTEN BRAUEREIEN DER WELT.

Für Kluftinger die einzig mögliche Art, Gulasch zu essen. Denn ein gekochtes Rindsgulasch in seiner Jugend hätte ihn beinahe ein für alle Mal für diese angeblich ungarische Spezialität verdorben. Damals, in der Kantine der Polizeischule. Er hatte auf ein Stück gebissen, das nur aus Flachsen und Sehnen bestand und die Konsistenz einer gekochten Badelatsche hatte. Danach hatte er zu Hause immer versucht, nur die Schweinebröckchen zu bekommen. Seine Mutter hatte sich damit abgefunden, Erika aber fand dieses Gefiesel bei Tisch schon beim ersten Mal so indiskutabel, dass sie seither ihrem „Butzele" zuliebe auf das Rindfleisch verzichtet.

Gulasch à la Kluftingers

Zutaten:

500 g Schweinegulasch
2 EL Öl
3 Zwiebeln, geschält
und gewürfelt
1 Knoblauchzehe,
geschält und gehackt
je 1 rote und grüne
Paprikaschote,
gewürfelt oder in Streifen
geschnitten
2 EL Tomatenmark
½ l Brühe
Salz
schwarzer Pfeffer
2 EL Paprikapulver,
edelsüß
½ TL Cayennepfeffer

1 Das Schweinefleisch in nicht zu große, gleichmäßige Stücke schneiden. Das Öl in einem Topf erhitzen und das Fleisch darin am besten portionsweise gut anbraten.

2 Sobald das Fleisch schön gebräunt ist, die Zwiebeln und die Knoblauchzehe dazugeben und etwas anbräunen lassen. Die Paprikaschoten hinzugeben und kurz anbraten.

3 Das Fleisch, die Zwiebeln und die Paprikaschoten an den Rand des Topfes schieben. In die Topfmitte das Tomatenmark geben, gut verrühren und mit der heißen Brühe ablösen. Mit Salz, Pfeffer, dem Paprikapulver und dem Cayennepfeffer würzen.

4 Das Ganze bei mäßiger Hitze etwa 1 ½ Stunden schmoren lassen. Nochmals mit Salz, Paprikapulver und Cayennepfeffer abschmecken.

Eingemacht. Schwer zu erklären, woher dieser seltsame Name für dieses schmackhafte, optisch jedoch eher grenzwertige Gericht kommt. Für Kluftinger jedenfalls.

Eingemachtes Kalbfleisch

1 Das Kalbfleisch in mehrere Stücke zerteilen, salzen und pfeffern. Das Fett in einem Topf erhitzen und das Fleisch von allen Seiten darin anbraten.
2 Die Karotte, den Lauch, die Zwiebel und den Sellerie dazugeben und kurz mit anbraten. Von der Seite das heiße Wasser angießen. Die Gewürznelken, das Lorbeerblatt, die Zitronenscheibe und die Zitronenschale dazugeben. Bei nicht zu starker Hitze etwa 45 Minuten garen.
3 Das Fleisch herausnehmen und beiseitestellen. Die Brühe durch ein Sieb abseihen und ebenfalls beiseitestellen.
4 Für die Sauce die Butter in dem Topf erhitzen, das Mehl einrühren und leicht anbräunen lassen. Mit der beiseitegestellten Brühe auffüllen und 10 Minuten kochen lassen. Mit Salz, Pfeffer, dem Zitronensaft und dem Zucker abschmecken. Das gegarte Fleisch hineingeben und noch 15 Minuten bei schwacher Hitze ziehen lassen.

Zutaten:

500 g Kalbfleisch (Brust, Schulter oder Schlegel)
Salz
schwarzer Pfeffer
30–40 g Butterschmalz
1 Karotte, in grobe Stücke geschnitten
½ Stange Lauch, in grobe Stücke geschnitten
1 Zwiebel, geschält
½ Knolle Sellerie, in grobe Stücke geschnitten
750 ml heißes Wasser
2 Gewürznelken
1 Lorbeerblatt
1 Scheibe von 1 unbehandelten Zitrone
etwas abgeriebene Schale von 1 unbehandelten Zitrone

Für die Sauce:

50 g Butter
etwas Mehl
Salz
schwarzer Pfeffer
1 EL Zitronensaft
1 Prise Zucker

Wissen Sie, was Kalbfleisch auf Französisch heißt? Ich auch nicht! Aber der Markus hat nachgeschaut, er hat es sogar geguglt. „Viande de Veau" heißt das, sprich: „Wiahd de wo". Dazu kann man ja von mir aus einen Merlot (sprich: „Märloh") trinken, wie es der Doktor tut, weil er so schön nach Pflaumen schmeckt und sich so herrlich schnell am Gaumen erschließt. Bitte, nur zu! Reimt sich ja sogar. Aber zum eingemachten Kalbfleisch? Na Mahlzeit! Ich bleib beim Bier!

Psst! Ganz leise und im Vertrauen: Gibt's in jeder Kultur! Eigentlich egal, ob man sie jetzt Frikadellen, Köfte oder Kötbullar, Meatballs, Fleischpflanzerl oder Buletten nennt. Eigentlich immer ziemlich ähnlich. Das darf der Klufti nur nicht erfahren, sonst schmecken sie ihm vielleicht nicht mehr.

Fleischküchle

Zutaten:
1 altbackene Semmel
375 g gemischtes Hackfleisch
1 Ei
1 Zwiebel, geschält und fein gehackt
Salz
schwarzer Pfeffer
1 EL Senf
1 EL Tomatenmark
1 TL Paprikapulver, edelsüß
1 TL gerebelter Majoran
1 EL Öl

1 Die altbackene Semmel 2 Minuten in Wasser einweichen. Das Hackfleisch mit dem Ei, der Zwiebel und den Gewürzen in einer Schüssel vermischen. Die eingeweichte Semmel gut ausdrücken und in den Fleischküchleteig einarbeiten.
2 Vom Fleischteig mit einem Löffel gleichmäßige Portionen abstechen und daraus mit nassen Händen runde Fleischküchle formen.
3 Das Öl in einer Pfanne erhitzen. Die Fleischküchle portionsweise von beiden Seiten gut darin anbraten und bei mäßiger Hitze langsam 10–15 Minuten gar braten.

Neulich haben wir eine Bergtour gemacht und der Doktor war dabei. Die Erika hat Fleischküchlesemmel mitgenommen und dem Langhammer und seiner Frau auch eine angeboten. Wir sitzen auf dem Gipfel und schauen aufs Allgäu, und er fängt an von einem Chardonnay. Von Holzfässern und dem Duft von überreifen Stachelbeeren! Jetzt mal ehrlich: Der hat's doch nicht mehr ganz recht!

Kässpatzen

1 Das Mehl, die Eier, Salz und das Wasser in einer Schüssel zu einem sämigen Teig verrühren und kurz quellen lassen.
2 In der Zwischenzeit genügend Salzwasser in einem Topf zum Kochen bringen und den Käse reiben.
3 Den Backofen auf 80–100 °C vorheizen.
4 Den Teig mit dem Spätzlehobel ins kochende Salzwasser hobeln. Die Spätzle im offenen Topf einige Male aufkochen lassen, bis sie an der Oberfläche schwimmen. Mit einem Schaumlöffel herausnehmen, abtropfen lassen, in eine Spätzleschüssel geben und mit dem Käse bestreuen. Im vorgeheizten Backofen warm stellen.
5 Die Butter in einer Pfanne erhitzen. Die Zwiebeln hineingeben, mit dem Mehl bestäuben und darin leicht anbraten.
6 Die Spätzle aus dem Backofen nehmen, die angebräunten Zwiebeln darübergeben und die Kässpatzen servieren.

Die zusätzlichen 2 Kilogramm Zwiebeln dem Hausherrn extra in einem Schüsselchen reichen!

Völlig falsch! Muss heißen: 3–4 kg Zwiebeln.

Zutaten:
500 g Mehl
5 Eier
Salz
etwas Wasser
100 g Emmentaler Käse
100 g alter Bergkäse
50 g Backsteinkäse

Für echte Allgäuer oder wahre Abenteurer noch 100 g Weißlacker! Aber: Muss unbedingt luftdicht gelagert werden, sonst kommt man beim Öffnen des Kühlschranks leicht in den Verdacht mangelnder Körperhygiene!

30 g Butter
3–4 Zwiebeln, geschält und in Ringe geschnitten
etwas Mehl

Daheim schmeckt's doch am besten – meistens jedenfalls ...

Hat die Erika mal ausprobiert, als sie eine Tube Tomatenmark vor dem Urlaub hat aufbrauchen wollen. Gar nicht mal so verkehrt!

Tomatenspätzle

Zutaten:

500 g Mehl
5 Eier
4 EL Tomatenmark
etwas Wasser, Salz
1 Prise frisch geriebene
Muskatnuss
150 g Parmesan- oder
sehr alter Bergkäse

Alt heißt aber fei gereift, gell? Nicht dass Sie ein Stück Bergkäs jetzt drei Monate unverpackt im Kühlschrank liegen lassen!

30 g Butter

Meiner Meinung nach würde ein Netz roter Zwiebeln hier ja ganz herrlich passen.

1 Das Mehl, die Eier, das Tomatenmark und das Wasser in einer Schüssel zu einem sämigen Teig verrühren, mit Salz und Muskatnuss würzen und kurz quellen lassen.
2 In der Zwischenzeit genügend Salzwasser in einem Topf zum Kochen bringen und den Käse reiben.
3 Den Teig mit dem Spätzlehobel ins kochende Salzwasser hobeln. Die Spätzle im offenen Topf einige Male aufkochen lassen, bis sie an der Oberfläche schwimmen. Mit einem Schaumlöffel herausnehmen und abtropfen lassen. Den Vorgang mehrmals wiederholen, bis der gesamte Teig aufgebraucht ist.
4 Die Butter in einer Pfanne erhitzen und die Tomatenspätzle darin schwenken. Mit dem Käse bestreuen und servieren.

Ein kleiner Tipp: Wenn Sie italienische Gäste haben, empfiehlt es sich, die drei letzten Rezepte zu einem Tricolore-Spätzlegericht zu kombinieren! Freut die wahnsinnig. Und ist ja auch irgendwie Pasta, so gesehen, wenn auch nicht so ganz al dente.

Spinatspätzle

Zutaten:

200 g Spinat, gekocht
500 g Mehl
5 Eier
etwas Wasser, Salz
1 Prise frisch geriebene
Muskatnuss
100 g Emmentaler Käse
1 EL Butter
1 Zwiebel, geschält
100 g gekochter Schinken
100 g Schlagsahne
100 ml Wasser
schwarzer Pfeffer
1 Prise Paprikapulver,
edelsüß

1 Den Spinat fein pürieren. Mit dem Mehl, den Eiern und Wasser (nach Bedarf) in einer Schüssel zu einem sämigen Teig verrühren. Den Teig mit Salz und Muskatnuss würzen und kurz quellen lassen.
2 In der Zwischenzeit genügend Salzwasser in einem Topf zum Kochen bringen und den Käse reiben.
3 Den Teig mit dem Spätzlehobel in das kochende Salzwasser hobeln. Die Spätzle im offenen Topf einige Male aufkochen lassen, bis sie an der Oberfläche schwimmen. Mit einem Schaumlöffel herausnehmen und abtropfen lassen. Den Vorgang mehrmals wiederholen, bis der gesamte Teig aufgebraucht ist.
4 Die Butter in einer Pfanne erhitzen. Die Zwiebel hacken und darin anbraten. Den Schinken in feine Streifen schneiden und dazugeben. Mit der Sahne und dem Wasser ablöschen und mit Salz, Pfeffer und dem Paprikapulver würzen.
5 Die Spinatspätzle daruntermengen, mit dem geriebenen Käse bestreuen und servieren.

Ein unglaublich praktisches Gericht, weil die Beilage schon drin ist. Ist ja eigentlich nichts anderes als ein aufgemotzter Semmelknödel.

Gefüllte Kalbsbrust

1 Für die Füllung die Semmeln in kleine Würfel schneiden und in eine Schüssel geben. Die Milch leicht erwärmen und die Semmeln damit übergießen. Die Eier, Salz, Pfeffer und Muskatnuss dazugeben und verrühren. Die Semmelmasse etwas durchziehen lassen.

2 In der Zwischenzeit die Butter in einer Pfanne erhitzen und die Zwiebel und die Petersilie darin anbraten. Vorsichtig unter die Semmelmasse heben.

3 Den Backofen auf 220 °C vorheizen.

4 Die Kalbsbrust innen und außen salzen und mit der Semmelmasse füllen. Die Fleischöffnung mit Küchengarn zunähen oder mit Rouladennadeln schließen.

5 Das Fett in einem Bräter erhitzen und das Fleisch darin von allen Seiten goldbraun anbraten. Das Wurzelgemüse und die Zwiebel dazugeben und den Bräter für 2 Stunden auf dem Rost in den vorgeheizten Backofen schieben.

6 Den Kalbsfond in einem Topf erhitzen und nach und nach dazugießen. Die Kalbsbrust immer wieder mit dem Bratensaft begießen. 10 Minuten vor Ende der Garzeit die Kalbsbrust mit dem Sauerrahm bestreichen und diesen etwas anbräunen lassen. Den fertigen Braten aus dem Backofen nehmen und zugedeckt warm stellen.

7 Die Sauce aufkochen, den Bratenansatz lösen, nach Belieben passieren, binden und abschmecken.

8 Von dem Braten das Küchengarn oder die Rouladennadeln entfernen, den Braten vorsichtig in 1 Zentimeter dicke Scheiben schneiden und mit der Sauce servieren.

Für die Füllung:

3 altbackene Semmeln
125 ml Milch
3 Eier
Salz, schwarzer Pfeffer
1 Prise frisch geriebene
Muskatnuss
20 g Butter
1 kleine Zwiebel,
geschält und gewürfelt
1 EL fein gehackte
Petersilie

Außerdem:

1 ½ kg Kalbsbrust
(vom Metzger mit
Tasche versehen)
Salz
50 g Fett
1 Karotte, in grobe
Stücke geschnitten
1 kleines Stück
Knollensellerie, in grobe
Stücke geschnitten
1 Stange Lauch, in grobe
Stücke geschnitten
1 kleines Stück
Petersilienwurzel, in
grobe Stücke geschnitten
1 Zwiebel, geschält
½ l Kalbsfond
6 EL Sauerrahm

Dazu reicht Erika Kluftinger drei frische Semmeln, mit denen der Kommissar nach dem Essen, wenn alle anderen satt und ermattet die Glieder von sich strecken, genüsslich die Soße erst aus dem Teller, dann aus dem Bräter auftunkt. Dabei hat er eine ausgefeilte Handgelenk-Abwinkel-Technik entwickelt, mit der er auch den letzten Rest Bratensaft erreicht.

Schweinebraten

Der Jeden-Sonntag-wieder-Braten.

Zutaten:

1 kg Schweinefleisch (Schulter)

... und was sollen die anderen essen?

Salz
schwarzer Pfeffer
1 EL Schweineschmalz
Kümmel
gerebelter Rosmarin
1 EL getrocknete Steinpilze
2 Karotten, in grobe Stücke geschnitten
1 Stück Knollensellerie, in grobe Stücke geschnitten
1 Stück Petersilienwurzel, in grobe Stücke geschnitten
1 Stange Lauch, in grobe Stücke geschnitten
2 Zwiebeln, geschält und in grobe Stücke geschnitten
1 Knoblauchzehe, geschält und in grobe Stücke geschnitten
heißes Wasser

1 Den Backofen auf 200 °C vorheizen.

2 Die Schwarte des Bratenstückes mit einem Messer kreuzweise einschneiden und das Fleisch mit Salz und Pfeffer einreiben.

Schon meine Oma sagte: Zeige mir deine Schwarte und ich sage dir, wie du kochst.

3 Das Schweineschmalz in einer Pfanne erhitzen und den Braten darin von allen Seiten anbraten. Mit Kümmel und Rosmarin bestreuen. Die Steinpilze, das Wurzelgemüse, die Zwiebeln und den Knoblauch dazugeben und kurz mit anbraten.

4 Das Gemüse und den Braten mit der Schwarte nach oben in einen gefetteten Bräter legen. Die Pfanne beiseitestellen.

5 Den Bräter auf dem Rost in den vorgeheizten Backofen schieben und den Schweinebraten 90 Minuten garen. Dabei immer wieder mit dem austretenden Bratensaft und heißem Wasser übergießen.

6 Den Braten schön braun und knusprig werden lassen. Nach dem Ende der Garzeit den Braten herausnehmen und warm stellen.

7 Den Bratensatz aus der Pfanne mit etwas Wasser lösen und in der Sauce aufkochen. Durch ein Sieb abseihen und abschmecken.

8 Das Fleisch in 1 Zentimeter dicke Scheiben schneiden, mit der Sauce übergießen und servieren.

So, so. Einen Zweigelt von den Nachbarn aus Österreich holt er da, der Doktor. Mit dem Aroma der Weichselkirsche. Und jetzt passen Sie auf, was der Maier beim letzten Abteilungsessen gesagt hat: „Eine Nase mit Vanillearomen und auch Röstaromen deutet auf den Gebrauch von Barriquefässern hin." Für mich deuten solche Worte nur auf eins hin: zunehmende Langhammerisierung meiner engsten Mitarbeiter. Da gibt's bloß eins: ein frisch gezapftes Bier!

Kluftingers feine Grillmarinade

Zutaten:
2 EL Dijonsenf
2 EL Ajvar
Salz
schwarzer Pfeffer
Saft von 1 Zitrone
2 TL brauner Zucker
1 EL Ketchup
3 EL Öl
1 EL Sojasauce
2 TL Paprikapulver, edelsüß

Für Abgebrühte auch scharfes Paprikapulver oder Cayennepfeffer.

1 Alle Zutaten in einer Schüssel gut verquirlen. Die Mischung in einen großen Gefrierbeutel geben. Die Steaks hineinlegen, darauf achten, dass alle Steaks mit der Flüssigkeit bedeckt sind, und im Kühlschrank für 4 Stunden marinieren.

Je dicker die Koteletts sind, desto besser, wenn Sie mich fragen. Aber auch Ripple schmecken so ganz vorzüglich. Und die sind ja auch günstig, weshalb sie in Amerika „Spareribs", also „Sparripple" heißen. Nur falls Sie das nicht wussten ...

Nur, dass wir uns verstehen: Kaufen Sie ja keine Steinpilze! Haben Sie schon mal geschaut, woher die kommen? Nix gegen Weißrussland oder die Ukraine, strahlend schöne Länder, aber Pilze von da? Und die kosten ja trotzdem ein Vermögen! Vergessen Sie's. Wenn Sie welche gefunden haben, dann nehmen Sie die. Oder die anderen Waldpilze von Ihrer Bergtour. Wenn Sie halt sicher sind, dass man die essen kann. Oder Sie züchten sich welche in der Badewanne auf einem Strohballen! Hat der Doktor mal gemacht, bis ihm dann die Schimmelpilze an der Baddecke gewachsen sind!

Rahmgeschnetzeltes mit gemischten Pilzen

1 Die Schnitzel in gleichmäßige Streifen schneiden, mit Salz, Pfeffer und Paprikapulver würzen und mit dem Mehl bestäuben.

2 Die Butter in einer Pfanne erhitzen und das Fleisch darin goldbraun anbraten. Nach einigen Minuten die Pilze hinzugeben. Das Tomatenmark dazugeben und ebenfalls kurz mit anbraten lassen. Mit dem Weißwein und der Sahne ablöschen und einige Minuten köcheln lassen.

3 Das Rahmgeschnetzelte nochmals abschmecken, mit der fein gehackten Petersilie bestreuen und servieren.

Zutaten:

4 Schweineschnitzel
Salz
schwarzer Pfeffer
1 TL Paprikapulver, edelsüß
1–2 EL Mehl
20 g Butter
250 g gemischte Pilze (z. B. Kräuterseitlinge, Shitake-Pilze, Champignons)
1 EL Tomatenmark
125 ml Weißwein

Kann auch ein Piccolo sein, dann müssen Sie die angebrochene Flasche nicht austrinken und können beim bewährten Bier bleiben.

5 EL Schlagsahne
1 EL fein gehackte Petersilie

Daheim schmeckt's doch am besten – meistens jedenfalls …

Leberknödelsuppe

Zutaten:
4 altbackene Semmeln
Salz
250 ml Milch
1 EL Butter
1 Zwiebel, geschält und fein gehackt
1 EL fein gehackte Petersilie
200 g Rinderleber, fein gemahlen
2 Eier
schwarzer Pfeffer
1 TL gerebelter Majoran
1 Messerspitze Nelkenpulver
1 Prise frisch geriebene Muskatnuss
1 ½ l Fleischbrühe
(siehe Seite 84)

1 Die Semmeln in feine Streifen schneiden, salzen, in eine Schüssel geben und mit der lauwarmen Milch übergießen. Die Semmeln zugedeckt durchziehen lassen.
2 Die Butter in einer Pfanne erhitzen. Die Zwiebel und die Petersilie darin anbraten. Aus der Pfanne nehmen, mit der Leber, den Eiern und den Gewürzen zur Semmelmasse geben und gut vermischen.
3 Aus der Masse mit nassen Händen einen Probeknödel formen, in kochende Brühe geben und garen. Gelingt dieser, aus dem restlichen Teig Knödel formen und 5 Minuten leicht köcheln, dann 20 Minuten ziehen lassen.
4 Läuft der Probeknödel auseinander, ist der Teig zu weich und muss mit Semmelbröseln etwas fester gemacht werden.

Der Probeknödel gehört mir, eh klar, oder?

42 Daheim schmeckt's doch am besten – meistens jedenfalls ...

Rouladen

1 Die Rouladen von beiden Seiten salzen und pfeffern und dann eine Seite mit Dijonsenf bestreichen. Je zwei Scheiben Speck drauflegen und mit den Zwiebeln und den Gewürzgurken belegen. Die Rouladen aufrollen und mit Rouladennadeln feststecken.
2 Das Fett in einem Topf erhitzen und die Rouladen darin von allen Seiten anbraten. Die Rouladen aus dem Topf nehmen und beiseitestellen.
3 Das Wurzelgemüse und das Tomatenmark in den Topf geben, kurz anbraten und mit der heißen Brühe ablöschen. Den Wein angießen. Die Rouladen wieder in den Topf geben und zugedeckt 80 Minuten schmoren lassen.
4 Nach Ende der Garzeit die Rouladen aus der Sauce nehmen, die Rouladennadeln entfernen und das Fleisch warm stellen.
5 Die Sauce durch ein Sieb abseihen, mit Salz und Pfeffer abschmecken und nochmals aufkochen lassen.
6 Die Rouladen auf Tellern anrichten, die Sauce darübergießen und die Rouladen servieren.

Früher gab's dazu immer Kartoffelpüree. Und als Kind hab ich mir dann riesige Stauseen aus Soße gebaut, mit den Zahnstochern aus den Rouladen als Brücke. Aber die Erika hat dafür keinerlei Verständnis.

Zutaten:
4 dünne Rindsrouladen
Salz
schwarzer Pfeffer
etwas Dijonsenf

Also, für mich tut's auch ein normaler scharfer Senf.

8 Scheiben Speck, dünn geschnitten
2 Zwiebeln, geschält und in Streifen geschnitten
4 Gewürzgurken, in Streifen geschnitten

Will sagen: Essiggurken halt.

30 g Fett

Für das Wurzelgemüse:
1 Karotte, in grobe Stücke geschnitten
1 Stück Knollensellerie, in grobe Stücke geschnitten
1 Stück Petersilienwurzel, in grobe Stücke geschnitten
1 Stück Lauch, in grobe Stücke geschnitten
1 Zwiebel, geschält
1 EL Tomatenmark
375 ml heiße Rinderbrühe
125 ml Rotwein

Alles, was die Allgäuer Küche ausmacht, ist darin versammelt. Und alles, was er liebt und Langhammer hasst: viel Fleisch, Spatzen, Käse, ein Sößle und ganz viel Geschmack.

Allgäuer Filettöpfle

Darf auch ein ausgewachsener Topf sein!

Für den Spätzleteig:

300 g Mehl
3 Eier
Salz
etwas Wasser
Butter für die Form

Außerdem:

200 g Kalbsfilet
200 g Schweinefilet
200 g Rinderfilet
2 EL Öl
Salz
schwarzer Pfeffer
2 große Zwiebeln, geschält und gewürfelt
3 Knoblauchzehen, geschält und fein gehackt
100 ml Weißwein
150 ml Fleischbrühe
50 g Schlagsahne
1 EL Schnittlauchröllchen
150 g Bergkäse

1 Für die Spätzle das Mehl, die Eier, Salz und etwas Wasser in einer Schüssel zu einem sämigen Teig verrühren und kurz quellen lassen.
2 Den Backofen auf 80 °C vorheizen.
3 In der Zwischenzeit genügend Salzwasser in einem Topf zum Kochen bringen. Den Teig mit dem Spätzlehobel ins kochende Wasser hobeln. Die Spätzle im offenen Topf einige Male aufkochen lassen, bis sie an der Oberfläche schwimmen. Mit einem Schaumlöffel herausnehmen, abtropfen lassen, in eine gefettete, feuerfeste Form geben und im vorgeheizten Backofen warm stellen.
4 Die Filets in gleich große Medaillons schneiden. Das Öl in einer Pfanne erhitzen. Die Filets auf beiden Seiten kurz darin anbraten, mit Salz und Pfeffer würzen und in Alufolie eingepackt ebenfalls in den vorgeheizten Backofen legen.
5 Die Zwiebeln in die Pfanne geben und langsam goldbraun braten.
6 Den Knoblauch dazugeben, kurz (!) mit braten, dann mit dem Weißwein ablöschen. Die Sauce aufkochen lassen. Brühe und Sahne dazugießen, etwas köcheln lassen, dann abschmecken. Die Filets aus dem Backofen nehmen und in die Sauce legen. Den ausgetretenen Fleischsaft dazugeben.
7 Die Spätzle aus dem Backofen nehmen. Die Temperatur auf 175 °C heraufschalten.
8 Die Spätzle mit ein wenig Sauce und den Schnittlauchröllchen vermischen und das Fleisch darauflegen. Den Bergkäse über das Fleisch reiben und die restliche Sauce darübergießen. Die Form wieder in den vorgeheizten Backofen schieben und den Käse gut schmelzen lassen.

48 Was andere fast so gut können wie Erika

Surbraten

1 Das Fleisch mit der Zwiebel, dem Knoblauch und den Wacholderbeeren einreiben und in eine Schüssel legen. Aus dem Wasser, dem Salz und dem Pökelsalz eine Sur herstellen und diese über das Fleisch gießen. Das Fleisch mit einem Teller beschweren und für 3 Wochen einlegen. Währenddessen das Fleisch mehrmals wenden.
2 Den Backofen auf 200 °C vorheizen.
3 Das Fleisch aus der Schüssel nehmen und abspülen. Das Schmalz in einer Pfanne erhitzen und das Fleisch darin goldbraun anbraten.
4 Das Fleisch herausnehmen und mit der Zwiebel, dem Knoblauch und den Karotten in einen gefetteten Bräter oder eine gefettete Auflaufform geben. Die Pfanne beiseitestellen.
5 Den Bräter oder die Auflaufform auf dem Rost in den vorgeheizten Backofen schieben und den Braten 90 Minuten knusprig braun braten.
6 Dabei den Braten mehrmals wenden und mit dem austretenden Bratensaft und etwas heißem Wasser übergießen.
7 Nach dem Ende der Garzeit das Fleisch herausnehmen und warm stellen.
8 Den Bratensatz aus der Pfanne lösen und in der Sauce aufkochen. Die Sauce abschmecken und mit dem Braten servieren.

Zutaten:
1 kg Schweinefleisch
1 Zwiebel, geschält und halbiert
2 Knoblauchzehen, geschält und halbiert
8 Wacholderbeeren

Für die Sur:

Übrigens auch schon im Wilden Westen geschätzt, Sie wissen schon: „Old Sur(e)hand".

1 l Wasser
2 EL Salz
1 TL Pökelsalz

1 EL Schweineschmalz
2–3 Zwiebeln, geschält
3 Knoblauchzehen, geschält und gewürfelt
2 Karotten, in grobe Stücke geschnitten
heißes Wasser

*Der Langhammer hat dazu neulich so einen rosafarbenen Wein getrunken. Ich hab ihn gefragt, ob er da einen Weiß- und einen Rotwein zusammengeschüttet hat. „Kluftinger, mein Lieber", hat er gesagt, „Rosé wird aus roten, also blauen Trauben hergestellt, allerdings im Weißweinherstellungsverfahren, die Trauben bleiben nicht oder nur ganz kurz auf der Maische liegen und geben somit nur wenig Farbe ab."
Ja, ja, wer's glaubt! Der hält mich für einen Deppen! So ein Bier, das liegt ja bei mir gar nicht lang auf der Maische. Nur mal eine Weile im Kühlschrank!*

Das ist alles für dieses einfache Essen notwendig? Mei, wenn ich das g'wusst hätt, da hätt ich der Erika glatt mal die Spülmaschine ausgeräumt dafür – wenn wir eine Spülmaschine hätten.

TIPP
Man kann den Surbraten aber auch schon fertig eingelegt beim Metzger bestellen.

Schon jetzt alles richtig gemacht: Für Klufti wächst da zusammen, was zusammengehört: Zwiebel und Braten, eine geradezu göttliche Verbindung.

Zwiebelrostbraten

Zutaten:
800 g Rinderfilet

Sündteuer, aber unglaublich gut. Ich hab da übrigens noch jedes Mal in intensiven Verhandlungen mit dem Metzger ein paar Cent pro Kilo rausgeholt.

Salz
schwarzer Pfeffer
4 EL Mehl
2 EL Butter
4 Zwiebeln, geschält
150 ml Rotwein
3 EL Bratenfond
100 g Butter

1 Den Backofen auf 100 °C vorheizen.
2 Das Fleisch in 3 Zentimeter dicke Scheiben schneiden. Die Stücke salzen (wenig), pfeffern und in dem Mehl wenden.
3 Die Butter in einer Pfanne erhitzen und die Filetscheiben bei großer Hitze darin von beiden Seiten 1 Minute gut anbraten. Das Fleisch aus der Pfanne nehmen, in Alufolie wickeln und in den vorgeheizten Backofen legen.
4 Eine Zwiebel fein hacken.

Eine Zwiebel? Eine? Schon mal gesehen, zu welch jämmerlichem Häuflein so eine Zwiebel in der Pfanne zusammenschmort? Verehrte Kochgemeinde, lassen Sie es sich ein für allemal gesagt sein: Nie an den Zwiebeln sparen. Die Zwiebelhaube auf dem Rostbraten muss mindestens doppelt so hoch wie das Fleisch dick sein.

Die Zwiebel in die Pfanne geben und glasig anbraten. Mit dem Rotwein ablöschen, köcheln lassen und mit dem Bratenfond abschmecken.
5 Die restlichen Zwiebeln in Ringe schneiden. Die Butter in einer Pfanne erhitzen und die Zwiebeln darin goldgelb frittieren.
6 Das Fleisch aus dem Backofen nehmen, mit der Sauce auf Tellern anrichten und mit den frittierten Zwiebelringen garnieren.

ALLGÄUER BRAUHAUS
Seit 1394

Wenn's mal wieder länger dauert: MEB (Mobile Einsatz-Brotzeit)

Hart und kräftezehrend ist Kluftingers Alltag, auf turbulenten Allgäuer Straßen, immer auf der Lauer, unter Strom, die Nerven wie Drahtseile gespannt. Hinter jeder Kuh kann das organisierte Verbrechen lauern, hinter der nächsten Milchkanne der Abgrund.
Gut, das ist jetzt eine von Kluftinger sehr subjektiv gefärbte Sicht auf seinen Beruf. Aber anstrengend ist es. Ein bissle, jedenfalls. Da braucht es eine ordentliche Stärkung zwischendurch. Das beste an diesen Gerichten: Notfalls bringt Kluftinger die auch allein hin, wenn er in existenziell bedrohliche Situationen gerät – etwa wenn seine Frau ein paar Tage verreist.

Brautradition aus Kempten
EINE DER ÄLTESTEN BRAUEREIEN DER WELT.

Brotzeit ...

... allein der Klang dieses Wortes lässt Kluftis Herz höherschlagen. Wurstsalat! Saurer Presssack! Saurer Käs – Stinkkäs wohlgemerkt! Am liebsten alles mit schwer verdaulichen Mengen Essig und Zwiebeln! Das beruhigt – vielleicht nicht unbedingt den Magen, aber die Nerven, weil man weiß, dass kein Hungergefühl in den nächsten Stunden den anstrengenden Büroalltag stören wird. Oder eine Brotzeitplatte! Ein Bergkäs, der so räs ist, dass es einem die Zunge halb wegbrennt, ein frischer, milder Emmentaler und harte, ausgetrocknete Landjäger, Pfefferbeißer, eine Kabanossi oder ein Paar Schübling!

Wissen Sie, wenn der Langhammer schon immer so schlaue Getränketipps geben kann, dann kann ich das schon lang. Hier ein echter Geheimtipp, was die Brotzeit angeht: Ein schöner Kakao, eiskalt versteht sich, harmoniert ganz hervorragend mit einer Salamisemmel, die süßlichen Anklänge an Schokolade kontrastieren nämlich die scharfen Salztöne der Rohwurst. Und dass die basische Struktur einer Laugenbreze mit der cremig-herben Süße einer Schokoladenmilch am Gaumen eine geradezu himmlische Verbindung eingeht, können Sie sich eh denken, oder? Sie sehen: Zum g'scheit Daherreden braucht es noch lang keinen Doktor!

Für Klufti eine wunderbare Erinnerung an Weihnachten, wo es an Heiligabend immer Gschwollene gibt.

Gschwollene mit Kartoffelsalat

1 Für den Kartoffelsalat genügend Wasser in einem Topf zum Kochen bringen. Die Salatkartoffeln darin mit der Schale kochen, schälen, etwas abkühlen lassen und in Scheiben schneiden. Mit der Zwiebel in einer Schüssel mischen.
2 Die heiße Brühe, den Essig und das Öl vermischen und über den Salat gießen. Mit Pfeffer und den Schnittlauchröllchen bestreuen und den Salat beiseitestellen.
3 Die Butter in einer Pfanne erhitzen und die Gschwollenen darin goldbraun braten.
4 Zusammen mit etwas Bratensauce und dem noch lauwarmen Kartoffelsalat servieren.

Für den Kartoffelsalat:
1 kg Salatkartoffeln
1 Zwiebel, geschält und fein gewürfelt
250 ml heiße Brühe
4 EL Weinessig
4 EL Öl
schwarzer Pfeffer
2 EL Schnittlauchröllchen

Außerdem:
1 EL Butter
4 Gschwollene (Wurstspezialität aus dem Allgäu)
etwas Bratensauce

Das muss man neidlos anerkennen: vielleicht der größte Beitrag der schwäbischen Küche zum Weltkulturerbe. Mahlzeit.

Und wenn mal die Langhammers zu Besuch kommen: einfach als hausgemachte Ravioli nach einem alten Geheimrezept aus dem Piemont titulieren und ein Tomatensößle aus dem Gläsle dazu reichen.

Abgeröstete Maultaschen

Für den Nudelteig:

250 g Mehl
Salz
2 EL Wasser
2 Eier

Für die Füllung:

50 g Butter
1 Zwiebel, geschält
und fein gehackt
2 EL fein gehackte
Petersilie
125 ml Milch
2 altbackene Semmeln
250 g gemischtes
Hackfleisch
250 g Kalbsbrät
2 Eier
Salz
schwarzer Pfeffer
1 Prise frisch geriebene
Muskatnuss
1 Eiweiß
Butter
1 Zwiebel, fein gehackt

1 Für den Nudelteig das Mehl auf ein Brett sieben, Salz dazugeben und in die Mitte eine Mulde drücken. In die Mulde das Wasser und die Eier geben und alles rasch zu einem mittelfesten Teig verkneten. Den Teig zu einer Kugel formen und zugedeckt ruhen lassen.

2 Für die Füllung die Butter in einer Pfanne erhitzen. Die Zwiebel und die Petersilie darin anbraten. Die Milch in einem Topf lauwarm erwärmen. Die Semmeln in einer Schüssel in der lauwarmen Milch einweichen, dann gut ausdrücken und in einer zweiten Schüssel mit der Zwiebelmischung, dem Hackfleisch, dem Kalbsbrät, den Eiern und den Gewürzen vermischen.

3 Den Nudelteig auf einer leicht bemehlten Arbeitsfläche dünn ausrollen und Quadrate von 6 Zentimeter Kantenlänge daraus ausschneiden. In die Mitte der Hälfte der Teigquadrate jeweils 1 gehäuften Esslöffel der Füllung geben.

4 Die Teigränder mit Eiweiß bestreichen und jeweils eines der restlichen Teigquadrate darauflegen. Die Teigränder gut andrücken und die fertigen Maultaschen für 10 Minuten in Fleischbrühe kochen. In einer Pfanne Butter zerlassen und die Zwiebel darin goldbraun anbraten. Die Maultaschen aus der Brühe nehmen und ebenfalls in Butter anbraten. Zusammen mit den gebräunten Zwiebeln servieren.

Ganz akzeptabel, allerdings muss man natürlich sagen: Es fehlt die Wurscht. Wobei, dann wäre es natürlich kein saurer Käs mehr (siehe Wurstsalat).

Die Allgäuer Sprache, Lektion 735b. Sprechen Sie mir nach, mit rrollendem R: Rrrrommadurr saurrr, Rrrrommadurr saurrr, Rrrrommadur saurrr, ...

Saurer Käs

Zutaten:
500 g Backsteinkäse
125 ml warmes Wasser
2 EL Essig
4 EL Öl
Salz
schwarzer Pfeffer
1 Prise Zucker
1 Zwiebel, geschält und in Ringe geschnitten

1 Den Backsteinkäse mit dem Messerrücken abschaben und von der Käseschmiere befreien.

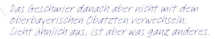
Das Geschmier danach aber nicht mit dem oberbayerischen Obatzten verwechseln. Sieht ähnlich aus, ist aber was ganz anderes.

2 Den geputzten Käse in kleine Scheiben schneiden und in eine flache Schüssel legen.
3 Das Wasser mit dem Essig, dem Öl, Salz, Pfeffer und dem Zucker vermischen. Über den Käse gießen und einige Minuten durchziehen lassen.
4 Die Zwiebeln zum Käse geben, unterheben und das Ganze servieren.

Mag Kluftinger ganz besonders, weil ihm da immer ganz viel bleibt, weil weder seine Frau noch sein Sohn Markus (von dessen Freundin Yumiko ganz zu schweigen) Presssack mögen.

Saurer Presssack

Zutaten:
250 g roter oder weißer Presssack
75 ml Wasser
2 EL Öl
2 EL Essig
Salz
schwarzer Pfeffer
1 Prise Zucker
1 Prise Paprikapulver, rosenscharf
1 Zwiebel, geschält und in feine Ringe geschnitten

1 Den Presssack in Scheiben schneiden und in eine Schüssel geben.
2 Das Wasser, das Öl, den Essig, Salz, Pfeffer, den Zucker und das Paprikapulver verrühren und über den Presssack geben. Das Ganze gut vermischen und einige Minuten durchziehen lassen.
3 Die Zwiebeln auf den sauren Presssack legen und den Presssack servieren.

Weil es meistens schnell gehen muss, wenn der Klufti auf Verbrecherjagd geht, tut es auch eine dicke Scheibe Schwarzbrot, dann wird „das Sulz", wie Kluftinger es nennt, mit Essig, Öl und – natürlich – Zwiebeln angemacht. Dazu ein Weizen – und die Verbrecher soll halt doch jemand anders jagen.

Tellersulz

1 Die Gelatine in kaltem Wasser nach Packungsanleitung einweichen. Die Brühe in einem Topf erhitzen, mit dem Weinessig, dem Zucker, Salz, Pfeffer und Muskatnuss abschmecken. Die Gelatine gut ausdrücken und unter Rühren in der Brühe auflösen. Die Sulzbrühe bei Zimmertemperatur abkühlen lassen.
2 Die Gewürzgurken und das Ei in Scheiben schneiden. Die Bratenscheiben auf zwei tiefe Teller legen und mit den Gurken und dem Ei garnieren. Die Brühe darübergießen und die Sülze im Kühlschrank mehrere Stunden, am besten über Nacht, fest werden lassen.
Die Bratensülze mit Bratkartoffeln servieren.

Erika muss die Sulzbrühe ja immer vor Kluftinger in Sicherheit bringen, der die schon mal so schlürft, weil er denkt, es sei ein bekömmliches Süppchen, das seine Frau da für ihn zubereitet hat – können Sie sich ja vorstellen, was die in seinem Magen anrichtet, wenn sie fest wird!

Zutaten:
12 Blatt Gelatine
1 l Brühe
2 EL Weinessig
1 Prise Zucker
Salz
schwarzer Pfeffer
frisch geriebene Muskatnuss
3 Gewürzgurken
1 Ei, gekocht
4 Scheiben kalter Schweinebraten

Käsestrudel

Zutaten:
300 g Bergkäse,
in Scheiben
150 g gekochter Schinken,
in Scheiben
200 g Frischkäse mit
Schnittlauch

1 Den Backofen auf 200 °C vorheizen. Die Käsescheiben leicht überlappend auf ein mit Backpapier belegtes Blech legen. Das Backblech in den vorgeheizten Backofen schieben und den Käse so lange schmelzen lassen, bis sich die Käsescheiben miteinander verbunden haben und eine große Käseplatte bilden.
2 Das Backblech aus dem Ofen nehmen und den Käse mit dem Schinken belegen. Dann den Frischkäse daraufstreichen. Dabei zügig arbeiten, damit der Käse warm und weich bleibt.
3 Die Käseplatte wie eine Roulade fest aufrollen, in Alufolie wickeln und 4–5 Stunden in den Kühlschrank legen.
4 Die Käseroulade in etwa 5 Millimeter dicke Scheiben schneiden und servieren.

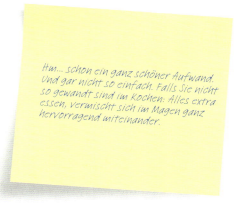

Hm... schon ein ganz schöner Aufwand. Und gar nicht so einfach. Falls Sie nicht so gewandt sind im Kochen: Alles extra essen, vermischt sich im Magen ganz hervorragend miteinander.

Das mag der Markus besonders gern, und sein Vater isst es halt notgedrungen mit, auch wenn das bei ihm bestenfalls als Vorspeise durchgeht.

Überbackene Seelen

1 Die Seelen der Länge nach durchschneiden und auf ein mit Backpapier belegtes Backblech legen. Die Hälfte der Seelen mit je zwei Scheiben gekochtem Schinken belegen.
2 Den Bergkäse in kleine Scheiben schneiden und auf die Schinkenseelen legen. Mit etwas Cayennepfeffer bestreuen.
3 Das Backblech in den Backofen schieben und unter dem Backofengrill überbacken, bis der Käse geschmolzen und leicht angebräunt ist.
4 Die Seelen herausnehmen und servieren.

Zutaten:
2 Seelen (regionaltypisches Salzgebäck)
8 Scheiben gekochter Schinken
200 g Bergkäse
Cayennepfeffer

Wurstsalat

Zutaten:
400 g Fleischwurst (Lyoner, Schinkenwurst, Regensburger), in dünne Streifen geschnitten
100 g Emmentaler Käse, in dünne Streifen geschnitten
2 Zwiebeln, geschält und in Ringe geschnitten
3 EL Essig
3 EL Öl
Salz
schwarzer Pfeffer
½ TL Senf
1 EL Schnittlauchröllchen

1 Die Fleischwurst, den Käse und die Zwiebeln in einer Schüssel vermischen.
2 Den Essig, das Öl, Salz, Pfeffer und den Senf verrühren und darübergeben. Den Wurstsalat kalt stellen und etwas durchziehen lassen.
3 Den Wurstsalat mit den Schnittlauchröllchen garnieren und servieren.

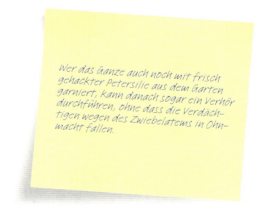

Wer das Ganze auch noch mit frisch gehackter Petersilie aus dem Garten garniert, kann danach sogar ein Verhör durchführen, ohne dass die Verdächtigen wegen des Zwiebelatems in Ohnmacht fallen.

Wenn's mal wieder länger dauert: MEB (Mobile Einsatz-Brotzeit)

Flüssige Nahrung, die kein Bier ist

Die Suppe scheint regelrecht vom Aussterben bedroht. Sie wird verdrängt vom Süppchen. Würde Kluftinger niemals bestellen. Oft gibt es die ja auch mit Sachen drin, die sogar eine Kuh stehen lässt: Bärlauch! Sauerampfer! Brennnessel! Schönen Dank. Kokos-Ingwer! Curry! Ohne Wurst. Priml!

Noch schlimmer: das Schaumsüppchen. Für Klufti die Langhammerisierung eines Grundnahrungsmittels. Tomatisiertes Topinambur-Spargelschaumsüppchen! Karamellisiertes Hottentottenraumflittchen! Wenn schon, dann eine richtige Suppe. Mit ordentlich was drin. Mehr ist mehr. So ein blasses Wässerchen im Teller – nix für ein gestandenes Mannsbild!

Brautradition aus Kempten
EINE DER ÄLTESTEN BRAUEREIEN DER WELT.

Gibt nix Besseres, wenn man mal krank ist, das bringt sogar einen verschnupften und sich selbst bemitleidenden Kriminalkommissar schnell wieder auf die Beine. Und auch sonst gehört ein Süpple bei Kluftingers am Sonntag schon auf den Speiseplan, gerade im Winter. Dabei darf Erika aber nie dieses kleine braune Fläschchen vergessen, mit dem gelb-roten Etikett, Sie wissen schon!

Rinderbrühe

Zutaten:
1 EL Butter
1 Zwiebel, halbiert mit Schale
500 g Rindfleisch
250 g Rinderknochen
Salz
2 l Wasser
1 Karotte, in grobe Stücke geschnitten
1 kleines Stück Knollensellerie, in grobe Stücke geschnitten
1 Stange Lauch, in grobe Stücke geschnitten
1 kleines Stück Petersilienwurzel, in grobe Stücke geschnitten
etwas Liebstöckel

1 Die Butter in einer Pfanne erhitzen und die Zwiebel mit der Schnittfläche nach unten darin leicht braun anbraten.
2 Das Fleisch und die Knochen waschen und salzen.
3 Das Wasser in einen Topf geben und alle Zutaten hineingeben. Alles bei mäßiger Hitze zum Kochen bringen und 2 Stunden leise köcheln lassen. Dabei den aufsteigenden Schaum abschöpfen.
4 Die Brühe durch ein Sieb abseihen und die Fleischbrühe nochmals gut abschmecken.

Flüssige Nahrung, die kein Bier ist

Hochzeitssuppe

Wenn Sie mich fragen: das Beste an einer Hochzeit. Zusammen mit dem Braten, dem Nachtisch, den Kuchen, den Getränken, dem Abendessen und der Mitternachtssuppe. Auf die Tanzerei könnte man für mich nämlich gern verzichten. Und diese Spielchen erst! Ich muss da immer wahnsinnig dringend auf die Toilette, wenn so was angekündigt wird ...

Ach so, was in eine Hochzeitssuppe rein soll? Na ja, halt alle Suppeneinlagen, die jetzt gleich kommen. Und noch ein Tipp: In noblen Gasthöfen finden Sie möglicherweise kein braunes Fläschchen. Füllen Sie sich halt vorsichtshalber daheim was ab und stecken Sie es Ihrer Frau heimlich in die Tasche!

Riebelesuppe

1 Das Ei, das Mehl, das Wasser, Salz und Muskatnuss in einer Schüssel zu einem sehr festen Teig verarbeiten.

Kleiner Tipp von mir: Auch wenn es MuskatNUSS heißt, ich würde nicht empfehlen, die abends beim Fernsehen statt der Erdnüssle zu knabbern. Nicht, dass ich's probiert hätt, ich hab aber von einem gehört, dem ist das nicht besonders gut bekommen ... musste wohl auch dringend zum Zahnarzt danach.

Den Teig mit dem Reibeisen (Haushaltsreibe) zu Riebele reiben.
2 Die Fleischbrühe in einem Topf zum Kochen bringen, die Riebele hineingeben und 5–10 Minuten in der Brühe kochen lassen.
3 Die Suppe abschmecken, mit den Schnittlauchröllchen bestreuen und servieren.

Zutaten:
1 Ei
200 g Mehl
1 EL Wasser
Salz
1 Prise frisch gemahlene Muskatnuss
1 l Fleischbrühe
1 EL Schnittlauchröllchen

Brandteigknödelsuppe

1 Das Wasser mit der Butter und dem Salz am besten in einem Stieltopf zum Kochen bringen, den Topf von der Kochplatte nehmen, das Mehl auf einmal dazugeben und gut verrühren.
2 Den Topf wieder auf die Kochplatte stellen und den Teig so lange rühren, bis sich am Topfboden eine weiße Haut bildet („abbrennen") und der Teig glänzt.

> Am besten die Frau machen lassen. Ich hab das mal ausprobiert, bei mir war die Haut am Topfboden allerdings nicht weiß, sondern schwarz. Vielleicht hab ich auch nur ein falsches Rezept gehabt.

3 Den Teig in eine Rührschüssel geben und nach und nach die Eier unterrühren.
4 Währenddessen das Fett in einer Fritteuse oder in einem hohen Topf erhitzen.
5 Mit zwei Teelöffeln kleine Knödel vom Teig abstechen und im heißen Fett goldbraun ausbacken.
6 Die Fleischbrühe in einem Topf zum Kochen bringen. Die Suppe auf die Teller verteilen und kurz vor dem Servieren die Brandteigknödel hineingeben.

Zutaten:
250 ml Wasser
40 g Butter
1 Prise Salz
150 g Mehl
4 Eier
1 kg Butterschmalz oder Öl
1 ½ l Fleischbrühe

Flüssige Nahrung, die kein Bier ist

Da die sehr gut haltbar sind, macht Erika ihrem Gatten immer gleich die dreifache Menge. Wenn sie dann noch eine Suppe vorkocht, kann sie beruhigt mal einen Tag in der Stadt verbringen. Notfalls auch bis abends, dann knabbert der Klufti noch ein paar vor dem Fernseher.

Backspätzlesuppe

Zutaten:
3 Eier
250 g Mehl
½ TL Salz
125 ml Milch
1 kg Butterschmalz
oder Öl
1 ½ l Fleischbrühe

1 Die Eier mit dem Mehl und dem Salz in eine Schüssel geben und kräftig verquirlen. Die Milch in einem Topf leicht erwärmen und dazugeben. Den Teig gut weiterschlagen, bis er zähflüssig ist.
2 Währenddessen das Fett in einer Fritteuse oder in einem hohen Topf erhitzen.
3 Den Teig mit dem Spätzlehobel ins heiße Fett hobeln. Die Backspätzle goldgelb backen, dann mit dem Schaumlöffel herausnehmen.
4 Die Fleischbrühe in einem Topf zum Kochen bringen. Die Suppe auf die Teller verteilen und kurz vor dem Servieren die Backspätzle hineingeben.

Leberspätzlesuppe

Beste Suppe: halb Leberspätzle, halb Bratspätzle und dann so viel von dem braunen Würzzeug, dass eine bronzefarbene Brühe entsteht.

Zutaten:
2 EL Butter
1 Zwiebel, geschält und
fein gehackt
2 EL fein gehackte
Petersilie
200 g Rinderleber,
fein gemahlen
80–100 g Semmelbrösel
2 Eier
evtl. 1–2 EL Milch
Salz, schwarzer Pfeffer
1 TL gerebelter Majoran
1 Messerspitze
Nelkenpulver
1 Prise frisch geriebene
Muskatnuss
1 ½ l Fleischbrühe

1 Die Butter in einer Pfanne erhitzen.

Was übrig bleibt, dick auf ein Brot streichen, mit Salami garnieren und essen. Man weiß ja nie, ob man nachher genug abbekommt, vor allem, wenn Gäste da sind.

Die Zwiebel darin glasig anbraten. Die Petersilie dazugeben und ein wenig mit anbraten.
2 Die gemahlene Leber, die Semmelbrösel und die Eier in einer Schüssel vermischen. Sollte der Teig zu fest sein, nach Bedarf die Milch dazugeben. Die Zwiebel-Petersilien-Mischung unterrühren und alles mit Salz, Pfeffer, Majoran, Nelkenpulver und Muskatnuss würzen. Die Masse soll leicht und cremig sein.
3 Die Masse mit dem Spätzlehobel in kochendes Salzwasser hobeln, 5–10 Minuten ziehen lassen und dann mit dem Schaumlöffel herausnehmen.
4 Die Fleischbrühe in einem Topf zum Kochen bringen. Die Leberspätzle hinzugeben und die Suppe servieren.

92 Flüssige Nahrung, die kein Bier ist

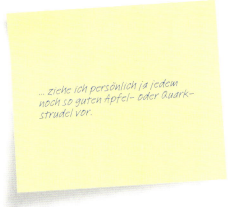

... ziehe ich persönlich ja jedem noch so guten Apfel- oder Quarkstrudel vor.

Brätstrudelsuppe

1 Für die Pfannkuchen das Mehl, die Eier, die Milch und Salz in einer Schüssel zu einem glatten Teig verrühren.
Den Backofen auf 80 °C vorheizen.
2 Jeweils etwas Butter in einer beschichteten Pfanne erhitzen und darin aus dem Teig portionsweise Pfannkuchen goldbraun backen. Die Pfannkuchen im vorgeheizten Backofen warm stellen.
3 Für die Füllung das Kalbsbrät mit der Sahne und dem Ei in einer Schüssel gut vermischen. Die Brätmasse mit der Petersilie, der Zitronenschale, Salz, Pfeffer, Muskatnuss, dem Thymian und dem Zucker würzen.
4 Die Pfannkuchen aus dem Backofen nehmen. Die Füllung etwa 3 Millimeter dick auf die Pfannkuchen streichen und diese jeweils zu einem Strudel zusammenrollen.
5 Die fertigen Brätstrudel 30 Minuten trocknen lassen, dann die Strudel in 2–3 Zentimeter lange Stücke schneiden.
6 Die Fleischbrühe in einem Topf erhitzen. Die Brätstrudel in die Brühe geben und nicht aufkochen, sondern nur ziehen lassen.

Für die Pfannkuchen:
200 g Mehl
2 Eier
250 ml Milch
Salz
40 g Butter

Für die Füllung:
200 g Kalbsbrät
3 EL Schlagsahne
1 Ei
2 EL fein geschnittene Petersilie
abgeriebene Schale von ½ unbehandelten Zitrone
Salz
schwarzer Pfeffer
1 Prise frisch geriebene Muskatnuss
1 Prise Thymian
1 Prise Zucker

Außerdem:
1 ½ l Fleischbrühe

Flüssige Nahrung, die kein Bier ist

Klufti liebt die Brätknödel, weil sie ihn an die Gelbwurst erinnern, die er als Kind immer beim Metzger bekommen hat.

Brätknödelsuppe

Zutaten:
250 g Kalbsbrät
2 EL Milch
2 Eier
Salz
schwarzer Pfeffer
1 Prise frisch geriebene Muskatnuss
2 EL fein geschnittene Petersilie
1 Messerspitze abgeriebene Schale von 1 unbehandelten Zitrone
4–6 EL Semmelbrösel
1 ½ l Fleischbrühe

1 Das Kalbsbrät mit der Milch und den Eiern in einer Schüssel gut vermischen. Salz, Pfeffer, Muskatnuss, die Petersilie und die Zitronenschale dazugeben und so viel Semmelbrösel unterheben, bis eine festere, geschmeidige Masse entsteht.
2 Genügend Salzwasser in einem Topf zum Kochen bringen. Mit zwei Teelöffeln kleine Knödel von der Kalbsbrätmasse abstechen und in das schwach kochende Salzwasser geben.
3 Die Brätknödel 5 Minuten leicht köcheln und 10 Minuten ziehen lassen. Anschließend mit dem Schaumlöffel herausnehmen.
4 Die Fleischbrühe in einem Topf zum Kochen bringen. Die Brätknödel hineingeben, kurz mit erwärmen und die Suppe servieren.

Brätspätzlesuppe

Gelbwurstspätzle ... ein Gedicht!

Zutaten:
250 g Kalbsbrät
2 Eier
4 EL Milch
Salz
schwarzer Pfeffer
1 Prise frisch geriebene Muskatnuss
2 EL fein geschnittene Petersilie
1 Messerspitze abgeriebene Schale von 1 unbehandelten Zitrone
2 EL Semmelbrösel
1 ½ l Fleischbrühe

1 Den Brätspätzleteig genauso herstellen wie die Masse für die Brätknödel. Dabei mehr Milch und weniger Semmelbrösel verwenden. Der Teig muss weicher und cremiger sein als der Knödelteig.
2 Genügend Salzwasser in einem Topf zum Kochen bringen. Den Teig mit dem Spätzlehobel in das kochende Salzwasser hobeln und kurz aufkochen lassen. Die Spätzle mit dem Schaumlöffel herausnehmen.

Könnt' mir mal jemand sagen, was ein Schaumlöffel ist?

3 Die Fleischbrühe in einem Topf zum Kochen bringen. Die Brätspätzle hineingeben, kurz mit erwärmen und die Suppe servieren.

Flädlesuppe

Ist grad keine Suppe zur Hand, tun es auch die nackerten Streifen als Brotzeit.

Zutaten:
200 g Mehl
2 Eier
250 ml Milch
Salz
40 g Butter
1 EL Schnittlauchröllchen
1 ½ l Fleischbrühe

1 Das Mehl, die Eier, die Milch und Salz in einer Schüssel gut verrühren, damit sich keine Klümpchen bilden.
2 Die Butter in einer beschichteten Pfanne erhitzen und darin aus dem Teig portionsweise dünne Pfannkuchen backen, die von beiden Seiten knusprig gebräunt sein sollen.
3 Die Pfannkuchen abkühlen lassen, einrollen und fein schneiden. So entstehen die Flädle.
4 Die Fleischbrühe in einem Topf zum Kochen bringen. Die Flädle in einem Suppenteller mit Schnittlauch bestreuen und die Brühe dazugeben.

Klufti hat sie am liebsten, wenn sie innen noch einen harten, goldgelben Kern haben, was eigentlich immer der Fall ist, da sie bei Kluftingers nur eine Viertelstunde ziehen, weil der Herr des Hauses es vor Hunger nicht mehr aushält.

Grießknödelsuppe

Zutaten:
50 g weiche Butter
2 Eier
80 g Hartweizengrieß
Salz
1 Prise frisch geriebene Muskatnuss
1 ½ l Fleischbrühe

1 Die weiche Butter mit den Eiern in einer Schüssel schaumig rühren. Den Grieß, Salz und Muskatnuss dazugeben und alles gut verrühren.
2 Den Teig 30 Minuten stehen lassen, damit der Grieß quellen kann.
3 Die Fleischbrühe in einem Topf zum Kochen bringen.
4 Mit zwei Teelöffeln längliche Knödel aus der Grießmasse abstechen. Die Grießknödel in kochende Brühe geben und zugedeckt 20–25 Minuten darin ziehen lassen.

Flüssige Nahrung, die kein Bier ist

Grüne Krapfen? Mal ehrlich: grüne Krapfen? Was kommt als Nächstes? Pinke Spätzle?

Grüne Krapfen

Für den Nudelteig:

250 g Mehl
Salz
2 EL Wasser
2 Eier

Für die Füllung:

1 EL Butter
1 Zwiebel, geschält und
fein gehackt
250 g Spinat, fein gehackt
1 Ei
1 EL Kerbel
Salz
schwarzer Pfeffer
1 Eiweiß
1 ½ l Fleischbrühe

1 Für den Nudelteig das Mehl auf ein Brett sieben, Salz dazugeben und in die Mitte eine Mulde drücken. In diese Mulde das Wasser und die Eier geben und alles rasch zu einem mittelfesten Teig verkneten. Den Teig zu einer Kugel formen und zugedeckt ruhen lassen.
2 Für die Füllung die Butter in einer Pfanne erhitzen. Die Zwiebel darin glasig anbraten. Den Spinat, das Ei, den Kerbel, Salz und Pfeffer dazugeben und alles gut vermischen.
3 Den Nudelteig auf einer leicht bemehlten Arbeitsfläche ausrollen und Quadrate von etwa 6 Zentimeter Kantenlänge daraus ausschneiden. Jeweils etwas Spinatmasse auf die Teigquadrate geben. Die Teigränder mit Eiweiß bestreichen, zusammenklappen und fest andrücken.
4 Die Fleischbrühe in einem Topf zum Kochen bringen.
5 Die grünen Krapfen in kochende Brühe geben. Sie sollen 5 Minuten leicht kochen und 10 Minuten ziehen.

Bei Kluftingers Mutter müssen in dieses Gericht übrigens unbedingt Schnattern. Das sind keine Entenschnäbel, sondern vielmehr eine Kreuzung aus Schnittlauch und Frühlingszwiebeln, heute nur noch in ganz wenigen Bauerngärten zwischen Kempten und Altusried anzutreffen.

Biskuitstreiflesuppe

Zutaten:

2 Eier
60 g Butter
100 g Mehl
2 EL Milch
Salz
1 Messerspitze
Backpulver
1 ½ l Fleischbrühe

Unbedingt aufpassen, dass das Blech wirklich richtig kalt ist, sonst verbrennt man sich beim Naschen ganz schnell die Finger. Hab ich jedenfalls gehört von einem ... Freund, dem das passiert ist.

1 Den Backofen auf 175 °C vorheizen.
2 Die Eier trennen. Die Butter mit den Eigelben, dem Mehl, der Milch, Salz und dem Backpulver in einer Schüssel schaumig rühren.
3 Die Eiweiße in einer zweiten Schüssel zu sehr steifem Eischnee schlagen und vorsichtig unter die Schaummasse heben.
4 Die Masse auf ein mit Backpapier belegtes Blech streichen.
5 Das Backblech in den vorgeheizten Backofen schieben und die Masse schön goldgelb backen.
6 Das Backblech aus dem Backofen nehmen, die Teigplatte kalt werden lassen und dann in gleichmäßige kleine Streifen schneiden.
7 Die Fleischbrühe in einem Topf erhitzen. Die Suppe auf die Teller verteilen und kurz vor dem Servieren die Biskuitstreifle hineingeben.

Bissle mager das Ganze, oder?

Kässuppe

Zutaten:

70 g Butter
50 g Mehl
1 l Fleischbrühe
200 g Emmentaler Käse
1 Eigelb
2 EL Milch
Salz
schwarzer Pfeffer
1 Prise Zucker
2 Scheiben Weißbrot
1 EL Kresse

1 50 Gramm Butter in einem Topf erhitzen. Das Mehl darin unter Rühren so lange erhitzen, bis es hellgelb ist. Mit der Fleischbrühe ablöschen. Die Mischung aufkochen lassen.
2 In der Zwischenzeit den Käse reiben und einrühren. So lange weiterkochen, bis sich der Käse in der Suppe aufgelöst hat.
3 Das Eigelb mit der Milch verquirlen und in die heiße, nicht mehr kochende Suppe einrühren. Mit Salz, Pfeffer und dem Zucker würzen.
4 Das Weißbrot würfeln. Die restliche Butter in einer Pfanne erhitzen und das Weißbrot darin goldgelb braten.
5 Die Kässuppe mit den Weißbrotwürfeln und der Kresse bestreuen und servieren.

Mostsuppe

Zutaten:

70 g Butter
50 g Mehl
1 l Most (oder sehr trockener Weißwein)

Aber schon lieber ein eigener Most aus eigenen Äpfeln und eigenen Birnen aus dem eigenen Garten im eigenen Keller vergoren. Kost nix und räumt mal ordentlich die Organe durch ...

2 EL Zucker
1 Prise Salz
Saft und abgeriebene Schale von 1/2 unbehandelten Zitrone
2 Eigelb
2 Scheiben Weißbrot

1 50 Gramm Butter in einem Topf erhitzen. Das Mehl darin unter Rühren so lange erhitzen, bis es hellgelb ist. Mit dem Most ablöschen.

Dazwischen kann man auch gerne mal den Durst ein bisschen mit dem Most löschen.

2 Den Zucker, das Salz, den Zitronensaft und die Zitronenschale dazugeben und kurz aufkochen lassen.
3 Die Eigelbe verquirlen und in die heiße, nicht mehr kochende Suppe einrühren.
4 Das Weißbrot würfeln. Die restliche Butter in einer Pfanne erhitzen und das Weißbrot darin goldgelb braten.
5 Die Mostsuppe mit dem Weißbrot bestreuen und servieren.

104 Flüssige Nahrung, die kein Bier ist

ALLGÄUER BRAUHAUS
Seit 1394

Mehlspeisen – wenn's sein muss!

Eigentlich kein Essen, so gesehen. Höchstens als Nachspeise. Und das nicht nur, weil üppige Mehlspeisen im Magen für viel Unbehagen sorgen können. Nein: Egal, wie viel man davon isst, wie sehr der Gürtel auch spannt – zurück bleibt eine unbefriedigende Leere. Und das, obwohl man sich den Kaloriengegenwert von drei Schnitzeln mit Pommes einverleibt hat. Deswegen verlangt Kluftinger auch eine salzige Vorspeise – wenigstens eine Suppe. Denn wenn er heimkommt und sich auf eine deftige Mahlzeit freut und dann statt saurer Linsen süße Dampfnudeln serviert bekommt, findet er das ganz und gar nicht lustig.

Brautradition aus Kempten
EINE DER ÄLTESTEN BRAUEREIEN DER WELT.

Apfelküchle

Meine Variation dazu heißt: Apfelküchle-Burger. Zwei Ringe nehmen, mit Marmelade drauf, zusammenklappen ... mei, was will man mehr. Aber Vorsicht: Batzt ein bissle beim Essen.

Zutaten:
200 g Mehl
1 Prise Salz
250 ml Milch
2 Eigelb
2 TL Öl
2 Eiweiß

Außerdem:
6 große, säuerliche Äpfel
Saft von ½ Zitrone
3 EL Zucker
Butterschmalz oder Öl zum Ausbacken
3 EL Zimtzucker

1 Das Mehl in eine Schüssel sieben, das Salz daruntermischen und mit der Milch, den Eigelben und dem Öl zu einem dickflüssigen Teig verrühren.
2 Die Eiweiße in einer zweiten Schüssel zu festem Eischnee schlagen und unter den Teig heben.
3 Die Äpfel schälen, Blütenansätze und Kerngehäuse entfernen und in 1 Zentimeter dicke Ringe schneiden. Mit dem Zitronensaft beträufeln und mit dem Zucker bestreuen.
4 Das Butterschmalz oder das Öl in einer Pfanne erhitzen, die Apfelringe im Backteig wenden und schwimmend goldbraun ausbacken.
5 Die Apfelküchle mit dem Zimtzucker bestreuen und heiß servieren.

Eine „restsüße Riesling-Spätlese von der Mosel" würd' er empfehlen, der Herr Langhammer. Wegen der ausbalancierten Säurestruktur. Und weil die im Abgang so langanhaltend ist. Alles klar. Das Einzige, was mir da dran gefallen könnte, ist der Abgang. Wenn Langhammer ihn macht.

Mehlspeisen – wenn's sein muss!

Erika? Erika, ich will sofort wissen, warum es das bei uns noch nie gegeben hat, hörst du?

Apfelspatzen

1 Das Mehl, die Eier, Salz und das Wasser in einer Schüssel zu einem sämigen Teig verrühren und kurz quellen lassen.
2 In der Zwischenzeit genügend Wasser in einem Topf zum Kochen bringen und leicht salzen. Den Teig mit dem Spätzlehobel ins kochende Wasser hobeln. Kurz aufkochen lassen und die Spätzle mit dem Schaumlöffel herausnehmen. Die Spätzle mit kaltem Wasser abspülen und abtropfen lassen.
3 Die Butter in einer Pfanne erhitzen und die Spätzle darin anbraten.
4 Die Apfelschnitzel darüberstreuen und die Apfelspatzen für 10 Minuten zugedeckt dünsten.
5 Sobald die Äpfel gar sind, das Gericht mit dem Zucker bestreuen und servieren.

Zutaten:
500 g Mehl
5 Eier
Salz
etwas Wasser
2 EL Butter
4 Äpfel, geschält und geschnitzelt
3 EL Zucker

Dampfnudeln

Gibt nix Besseres in der Mittagspause beim Skifahren, auch wenn das Zeug da Germknödel heißt.

Für den Hefeteig:
20 g frische Hefe
50 g Zucker
250 ml lauwarme Milch
500 g Mehl
1 Prise Salz
2 Eier
50 g Butter

Außerdem:
40 g Butter
250 ml Milch
1 EL Zucker
1 Prise Salz

1 Für den Hefeteig die Hefe mit etwas Zucker in einem Schälchen verrühren und etwas lauwarme Milch dazugeben.
2 Das Mehl mit Salz in eine Schüssel geben, eine Mulde in die Mitte drücken und das Milch-Hefe-Zucker-Gemisch hineingießen. Den Teig mit etwas Mehl bestäuben und zugedeckt so lange gehen lassen, bis sich sein Volumen fast verdoppelt hat.

Scheint, dass ich als junger Mann auch irgendwann mal zu viel Hefe gegessen hab. Das würde das mit dem Volumen erklären ...

3 Dann die Eier, die Butter, den restlichen Zucker und die restliche lauwarme Milch hinzugeben und den Teig sehr gut schlagen. Aus dem Teig eigroße, ovale Dampfnudeln formen.
4 Die Butter, die Milch, den Zucker und das Salz in einer fest verschließbaren Pfanne verrühren und lauwarm werden lassen. Die Dampfnudeln hineinsetzen. Zwischen Pfanne und Deckel ein Tuch klemmen, damit kein Dampf entweichen kann. Den Deckel während des Kochens auf keinen Fall öffnen!
5 Die Flüssigkeit zum Kochen bringen und die Dampfnudeln 30 Minuten bei schwacher Hitze fertig garen. Knistert es im Topf leicht, sind die Dampfnudeln fertig. Den Deckel dann vorsichtig abnehmen und die Dampfnudeln, die jetzt unten eine schöne Kruste haben, herausnehmen.
6 Die Dampfnudeln mit Vanillesauce oder Kompott servieren.

Einen Champagner würd' er holen, der Herr Doktor! Von Langhammer wohlgemerkt „Schommpannje" und nicht „Schammpannjer" ausgesprochen. Wegen der gleichnamigen Region. Weil der Apfelnoten hat und Honigklänge und Hefetöne! Mei, wer's mag – bitte! Wenn ich Hefetöne brauch, dann nehm ich mir mein Weizenglas. Auch wenn ein Hefeweizen zugegebenermaßen nichts zu Dampfnudeln ist. Höchstens ein Bananenweizen vielleicht ...

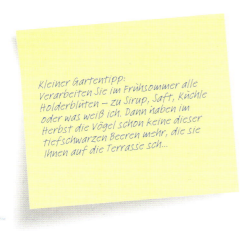

Kleiner Gartentipp:
Verarbeiten Sie im Frühsommer alle Holderblüten – zu Sirup, Saft, Küchle oder was weiß ich. Dann haben im Herbst die Vögel schon keine dieser tiefschwarzen Beeren mehr, die sie Ihnen auf die Terrasse sch...

Holderküchle

1 Das Mehl in eine Schüssel sieben, das Salz daruntermischen und mit der Milch, den Eigelben und dem Öl zu einem dickflüssigen Teig verrühren. Die Eiweiße in einer zweiten Schüssel zu festem Eischnee schlagen und unter den Teig heben.
2 Das Butterschmalz oder das Öl in einer Fritteuse oder einem hohen Topf erhitzen. Die Temperatur des Fetts mit dem Stiel eines Holzkochlöffels prüfen. Bilden sich kleine Bläschen, ist das Fett heiß genug.
3 Die Holderblüten vorsichtig im Backteig wenden und im heißen Fett schwimmend ausbacken. Mit dem Schaumlöffel herausnehmen und abtropfen lassen.
4 Die Holderküchle mit Zucker bestreuen und servieren.

Zutaten:
200 g Mehl
1 Prise Salz
250 ml Milch
2 Eigelb
2 TL Öl
2 Eiweiß
Butterschmalz oder Öl zum Ausbacken
10–12 Holunderblütendolden, gewaschen und trocken getupft
etwas Zucker

Ach, und ich hab immer gedacht, das sei ein Kuchen ...

Grießschnitten

1 Aus der Milch, Salz, der Zitronenschale, der Butter, dem Grieß und dem Zucker in einem Topf einen steifen Grießbrei kochen. Solange der Brei noch heiß ist, 2 Eier unterrühren. Die Masse auf einem Backblech etwa 1 Zentimeter dick ausstreichen und erkalten lassen.
2 Die Masse in Schnitten schneiden. Das restliche Ei und die Semmelbrösel jeweils in einen Teller geben und die Schnitten erst im Ei, dann in den Semmelbröseln wenden.
3 Die Butter in einer Pfanne erhitzen. Die panierten Schnitten darin goldbraun ausbacken.
4 Die Grießschnitten mit Zimt und Zucker bestreuen und servieren.

Zutaten:
1 l Milch
Salz
1 Stückchen Schale von 1 unbehandelten Zitrone
2 EL Butter
250 g Grieß
50 g Zucker
3 Eier
100 g Semmelbrösel
30 g Butter
etwas Zimt
etwas Zucker

Kartoffelnudeln

Zutaten:

1 kg mehlig kochende
Kartoffeln
Salz
2 Eier
80–150 g Mehl
Butterschmalz oder Öl
zum Ausbacken

1 Die Kartoffeln mit Wasser bedeckt in einem Topf zum Kochen bringen und 20–25 Minuten zugedeckt kochen lassen. Kartoffeln abgießen, abdämpfen, pellen und heiß durch eine Kartoffelpresse pressen. Kartoffelmasse auskühlen lassen.

2 Die ausgekühlte Kartoffelmasse mit Salz und den Eiern in einer Schüssel vermischen. Das Mehl dazugeben (Menge je nach Teigfeuchtigkeit). Alles zu einem Teig verkneten und möglichst schnell verarbeiten.

Mei, wenn ich gewusst hätt, wie aufwendig das ist, hätt ich es mir nicht so oft von der Erika gewünscht. Aber jetzt isch scho zu spät.

3 In der Zwischenzeit das Fett in einer tiefen Pfanne erhitzen.

4 Aus dem Kartoffelteig fingergroße Nudeln formen und im heißen Fett knusprig ausbacken.

5 Die Kartoffelnudeln mit Kompott und Zimt und Zucker servieren.

Kratzet

Was soll jetzt das sein? Ich hab mal einen Trachtenjanker gehabt, aus so ganz fester Wolle, der war genau so, sag ich Ihnen!

Zutaten:

300 g Mehl
4 Eier
250 ml Milch
1 Prise Salz
50 g Butter
1 EL Zucker

1 Das Mehl, die Eier, die Milch und das Salz in einer Schüssel zu einem glatten Teig verrühren.

2 Die Hälfte der Butter in einer Pfanne erhitzen und darin aus dem Teig nacheinander zwei Fladen backen. Diese mit der Backschaufel (Pfannenheber) mehrmals zerkleinern und auseinanderreißen. Die Fladenstücke nochmals in der Butter anbraten.

3 Den Kratzet mit Zucker bestreuen und mit Kompott servieren.

Lustig, das war eine ganze Zeit lang Erikas Spitzname für mich, bevor sie Butz... also, was anderes, Männlicheres zu mir gesagt hat.

Kirschenmichel

1 Die Semmeln in dünne Scheiben schneiden, in eine Schüssel geben und mit der lauwarmen, leicht gesalzenen Milch übergießen. Die Semmelmasse zugedeckt durchziehen lassen.
2 Den Backofen auf 175 °C vorheizen.
3 Die Butter, den Zucker und die Eigelbe in einer Schüssel schaumig schlagen. Den Zimt unterrühren und die Semmelmasse vorsichtig untermischen.
4 Die Eiweiße in einer zweiten Schüssel zu sehr steifem Eischnee schlagen. Die Kirschen unter die Semmelmasse rühren und den Eischnee unterheben.
5 Den Teig in eine gefettete Auflaufform geben und die Butter in Flöckchen daraufsetzen.
6 Die Form auf dem Rost in den vorgeheizten Backofen schieben und den Kirschenmichel 1 Stunde garen. Den Kirschenmichel mit Puderzucker bestäuben und servieren.

Zutaten:
10 altbackene Semmeln
375 ml Milch
1 Prise Salz
80 g Butter
80 g Zucker
4 Eigelb
1 TL gemahlener Zimt
4 Eiweiß
1 kg Süßkirschen, gewaschen und entsteint
30 g Butter
2 EL Puderzucker

Mehlspeisen – wenn's sein muss! 121

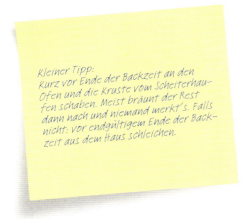

*Kleiner Tipp:
Kurz vor Ende der Backzeit an den Ofen und die Kruste vom Scheiterhaufen schaben. Meist bräunt der Rest dann nach und niemand merkt's. Falls nicht: vor endgültigem Ende der Backzeit aus dem Haus schleichen.*

Scheiterhaufen

1 Den Backofen auf 175 °C vorheizen.
2 Die Semmeln in 5 Millimeter dicke Scheiben schneiden. Die Milch mit den Eiern, dem Zimt, dem Zucker und dem Salz in einer Schüssel verquirlen. Die Semmelscheiben in diese Flüssigkeit tauchen und in eine gebutterte Auflaufform schichten.
3 Die Rosinen darüberstreuen und eine weitere Semmelschicht darauflegen. So fortfahren, bis alle Semmeln aufgebraucht sind. Eventuell übrige Flüssigkeit darüberträufeln und die Butter in Flöckchen daraufsetzen.
4 Die Auflaufform am besten mit einem Stück Aluminiumfolie abdecken und auf dem Rost in den vorgeheizten Backofen schieben. Den Scheiterhaufen 30 Minuten backen. Mit Puderzucker bestäuben und servieren.

Zutaten:
6 altbackene Semmeln
250 ml Milch
3–4 Eier
1 TL gemahlener Zimt
4 EL Zucker
1 Prise Salz
125 g Rosinen
75 g Butter
2 EL Puderzucker

Mehlspeisen – wenn's sein muss!

Na, na, na! Politisch korrekt heißt das ja wohl eher: weibliche Heranwachsende, die dem Alkohol nicht abgeneigt sind!

Versoffene Jungfern

1 Die altbackenen Semmeln mit dem Reibeisen (Haushaltsreibe) ringsherum abreiben und halbieren. Die entstandenen Semmelbrösel zum Panieren beiseitestellen.

2 Das Eigelb mit der Milch, der Zitronenschale, dem Zucker und dem Vanillezucker in einer Schüssel vermischen. In diese Flüssigkeit die Semmelhälften legen, durchziehen lassen und dann vorsichtig ausdrücken.

3 Das Eiweiß mit dem Wasser in einer zweiten Schüssel verquirlen, die Semmelhälften darin wenden und in den beiseitegestellten Semmelbröseln panieren.

4 Das Butterschmalz in einer Fritteuse oder einem hohen Topf erhitzen und die panierten Knödel darin ausbacken. Mit einem Schaumlöffel herausnehmen, mit Zimt und Zucker bestreuen und warm stellen.

5 Für die Sauce den Wein mit dem Zucker und den Gewürzen in einen Topf geben und kurz einkochen lassen. Die Sauce durch ein Haarsieb abseihen.

6 Die Sauce über die ausgebackenen Knödel geben und die Knödel servieren.

... das alles kann aus einer altbackenen Semmel entstehen! Ein Wunder!

Zutaten:
4 altbackene Semmeln
1 Eigelb
250 ml Milch
abgeriebene Schale von
1 unbehandelten Zitrone
20 g Zucker
3 EL Vanillezucker
1 Eiweiß
1–2 EL Wasser
Butterschmalz zum Ausbacken
etwas Zimt
etwas Zucker

Für die Sauce:
¼ l Rotwein
3 TL Zucker
1 Stück Schale von
1 unbehandelten Zitrone
½ Stange Zimt
1 kleine Prise Nelkenpulver

Mehlspeisen – wenn's sein muss!

Krautkrapfen

1 Für den Nudelteig das Mehl, Salz, die Eier und das Wasser in einer Schüssel verkneten und 30 Minuten ruhen lassen.
2 Für die Füllung die Butter in einer Pfanne erhitzen. Die Zwiebel darin glasig braten. Den Bauchspeck, das Sauerkraut und den Kümmel dazugeben.
3 Den Nudelteig auf einer leicht bemehlten Arbeitsfläche ausrollen. Die Füllung auf die Teigplatte streichen und diese wie einen Strudel aufrollen. Von der Rolle jeweils 5 Zentimeter lange Stücke abschneiden.
4 Das Butterschmalz in einer Pfanne erhitzen. Die Teigstücke mit der Schnittkante nach unten hineinsetzen und darin leicht anbraten.
5 Mit ein wenig Fleischbrühe aufgießen und die Krautkrapfen zugedeckt 30 Minuten bei leichter Hitze dünsten lassen. Dabei gelegentlich heiße Fleischbrühe nachgießen. So bekommen die Krautkrapfen unten eine sehr schöne Kruste.
6 Die Krautkrapfen in der Pfanne servieren.

*Da stimmt doch was nicht mit den Mengenangaben.
Oder wollen die anderen nix davon essen?*

Für den Nudelteig:
300 g Mehl
Salz
2 Eier
3 EL Wasser

Für die Füllung:
1 EL Butter
1 Zwiebel, geschält und fein gehackt
200 g roher Bauchspeck, fein gewürfelt
500 g Sauerkraut, gedünstet
½ TL Kümmel

Außerdem:
1 EL Schweineschmalz
125 ml Fleischbrühe

Krautspatzen

Passt gut zu Kässpatzen.

1 Das Mehl, die Eier, Salz und das Wasser in einer Schüssel zu einem sämigen Teig verrühren und kurz quellen lassen.
2 In der Zwischenzeit Salzwasser in einem Topf zum Kochen bringen.
3 Den Teig portionsweise mit dem Spätzlehobel ins kochende Salzwasser hobeln.
4 Die Spätzle im offenen Topf einige Male aufkochen lassen, bis sie an der Oberfläche schwimmen. Die Spätzle mit einem Schaumlöffel herausnehmen und abtropfen lassen.
5 Den Backofen auf 80–100 °C vorheizen.
6 Die Spätzle in eine Spätzleschüssel geben und mit dem gekochten Sauerkraut bedecken. Den Vorgang mehrmals wiederholen, bis der gesamte Teig aufgebraucht ist. Die Spätzle im vorgeheizten Backofen warm stellen.
7 Die Butter in einer Pfanne erhitzen. Die Zwiebeln in die Pfanne geben, mit etwas Mehl bestäuben und darin anbraten.
8 Die angebräunten Zwiebeln über die Krautspatzen geben und die Krautspatzen servieren.

Zutaten:
500 g Mehl
5 Eier
Salz
etwas Wasser
250 g Sauerkraut, gekocht
30 g Butter
3–4 Zwiebeln, geschält und in Ringe geschnitten
etwas Mehl

Die Allgäuer Sprache, Lektion 833f:
schupfen (unterallg.: schucken) = jd. stoßen, schubsen
Hat mit diesem Rezept allerdings eher wenig zu tun,
außer es kommt zum Kampf um die letzten Nudeln.

Krautschupfnudeln

Zutaten:
300 g Mehl
2 Eier
Salz
125 ml lauwarmes Wasser
30 g Butter
1 Zwiebel, geschält und fein gehackt
100 g roher Bauchspeck, gewürfelt
300 g Sauerkraut, gedünstet

1 Das Mehl, die Eier, Salz und das Wasser in einer Schüssel zu einem festen Teig verarbeiten. Kleine Stückchen davon abschneiden und zu spitzen, fingerdicken Nudeln formen. Etwa 1 Stunde ruhen lassen.
2 Salzwasser in einem Topf zum Kochen bringen und die Schupfnudeln darin 5 Minuten kochen. Mit dem Schaumlöffel herausnehmen, mit kaltem Wasser abspülen und abtropfen lassen.
3 Die Butter in einer Pfanne erhitzen und die Zwiebel darin anbraten.
4 Die Schupfnudeln dazugeben und knusprig braten. Den Speck ebenfalls kurz mitbraten und dann das Sauerkraut dazugeben.

Zwetschgenknödel

Zutaten:

1 kg mehlig kochende
Kartoffeln
1 kg Zwetschgen,
gewaschen und entsteint
Würfelzucker
Salz
2 Eier
100–150 g Mehl
80 g Butter
150 g Semmelbrösel
2 EL Zucker
etwas Zimt
etwas Zucker

*Und, ganz wichtig: zwei
Päckchen Marzipan-
kartoffeln vom letzten
Weihnachtsfest, notfalls
mehrere Mozartkugeln.*

1 Die Kartoffeln mit Wasser bedeckt in einem Topf zum Kochen bringen und 20–25 Minuten zugedeckt kochen lassen. Kartoffeln abgießen, abdämpfen, pellen und heiß durch eine Kartoffelpresse drücken. Die Kartoffelmasse auskühlen lassen.
2 In der Zwischenzeit in jede Zwetschge ein Stück Würfelzucker geben.
3 Die ausgekühlten Kartoffeln mit Salz und den Eiern vermischen.
4 Das Mehl dazugeben (Menge je nach Teigfeuchtigkeit) und alles verkneten. Den Teig möglichst schnell weiterverarbeiten.
5 Jede Zwetschge dünn in den Kartoffelteig einhüllen und einen glatten Knödel daraus formen.
6 Salzwasser in einem Topf zum Kochen bringen und die Knödel 5 Minuten darin ziehen lassen.
7 Währenddessen die Butter in einer Pfanne erhitzen und die Semmelbrösel mit dem Zucker darin anbraten.
8 Die Zwetschgenknödel mit dem Schaumlöffel herausnehmen, gut abtropfen lassen und in den Semmelbröseln wenden.
9 Die Zwetschgenknödel mit Zimt und Zucker bestreuen und heiß servieren.

*Jetzt fragen Sie sich, was es mit den Marzipankartoffeln auf sich hat, gell?
Legen Sie heimlich in mindestens jede zweite Zwetschge eine hinein, bevor sie in
den Teigmantel kommt. Oder eben eine Mozartkugel. Dann brauchen Sie halt größere Zwetschgen oder gleich Aprikosen. Dann sind das aber Aprikosenknödel!*

Zwetschgenknöpfle

Zutaten:

4 altbackene Semmeln
200 g Zwetschgen,
gewaschen, entsteint
und klein geschnitten
2 Eier
1 TL Mehl
Butterschmalz zum
Ausbacken
etwas Zimt
etwas Zucker

1 Die Semmeln in Wasser einweichen.
2 Die Semmeln ausdrücken und mit den klein geschnittenen Zwetschgen, den Eiern und dem Mehl in einer Schüssel vermengen. Mit einem Teelöffel kleine Nocken davon abstechen.
3 Das Butterschmalz in einer Pfanne erhitzen und die Nocken darin schwimmend goldbraun ausbacken.
4 Die Zwetschgenknöpfle mit Zimt und Zucker bestreuen und heiß servieren.

Was Erika vor Kluftinger immer verstecken muss

Bei Kuchen schlägt Kluftingers Herz eher fürs konventionelle Backwerk. Volkstümlich quasi. Für einen solide gemachten Apfelkuchen lässt er jede Torte stehen. Oder Zwetschgendatschi. Käskuchen! All das kommt locker ohne Dekoration aus, ohne Brimborium, ohne Spritztülle. Und immer schön mit Früchten der Saison. Jetzt nicht unbedingt wegen des ökologischen Gewissens – wäre das besonders ausgeprägt, hätte er auch seinen alten Passat gegen ein schadstoffärmeres Auto austauschen müssen. Nein, weil die Früchte dann halt einfach besser schmecken. Und natürlich auch noch deutlich günstiger sind.

Brautradition aus Kempten
EINE DER ÄLTESTEN BRAUEREIEN DER WELT.

So ein langes Rezept! Lohnt sich aber!

Kluftingers himmlische Lieblingstorte

Für den Teig:
100 g Butter
100 g Zucker
4 Eigelb
2 EL Vanillezucker
125 g Mehl
½ Päckchen Backpulver

Für das Baiser:
4 Eiweiß
150 g Zucker
80 g Mandelblättchen

Für die Füllung:
1 Glas Sauerkirschen
2 Päckchen Tortenguss
400 g Schlagsahne
2 Päckchen Sahnesteif
6 Blatt Gelatine
400 g Sauerrahm
75 g Zucker
2 EL Vanillezucker
Saft von 1 Zitrone

Tipp:
Das Schneiden der Torte wird einfacher, wenn man einen der Böden sofort nach dem Backen in 12 Tortenstücke schneidet und am Schluss auf die Torte legt.

1 Für den Teig die Butter mit dem Zucker und dem Vanillezucker in einer Schüssel verrühren, die Eigelbe einzeln dazugeben und gut schaumig rühren. Das Mehl und das Backpulver unterheben.
2 Den Backofen auf 180 °C vorheizen.
3 Den Teig in zwei gefettete Springformen geben und gleichmäßig verstreichen. Die Formen jeweils in den vorgeheizten Backofen schieben und die Böden vorbacken, bis sie blassgelb sind. Dann jeweils aus dem Backofen nehmen.
4 In der Zwischenzeit für das Baiser die Eiweiße mit dem Zucker in einer zweiten Schüssel zu sehr steifem Eischnee schlagen. Den Eischnee gleichmäßig auf beide Böden streichen und die Mandelblättchen darauf verteilen.
5 Die Formen wieder in den vorgeheizten Backofen schieben und die Böden weiterbacken, bis die Mandeln leicht bräunlich werden.
6 Die Formen wieder aus dem Backofen nehmen und erkalten lassen. Um einen Boden einen Tortenring stellen.
7 Für die Füllung die Kirschen in einem Sieb abtropfen lassen, den Saft dabei auffangen. Die Kirschen auf dem Tortenboden verteilen.
8 Den Saft mit dem Tortengusspulver in einem Topf aufkochen und über die Kirschen geben. Erkalten lassen.
9 Die Sahne mit dem Sahnesteif steif schlagen und kalt stellen.
10 Die Gelatine in kaltem Wasser nach Packungsanleitung einweichen. Den Sauerrahm, den Zucker, den Vanillezucker und den Zitronensaft in einer Schüssel verrühren.
11 Die Gelatine leicht ausdrücken, in einem kleinen Topf bei schwacher Hitze unter Rühren auflösen (nicht kochen), bis sie völlig gelöst ist. 2–3 Esslöffel der Sauerrahmmasse mit der Gelatine verrühren und unter die restliche Sauerrahmmasse rühren. Kurz kalt stellen, dann die Schlagsahne darunterheben.
12 Die Creme auf die Kirschen geben und glatt streichen. Den zweiten Boden als Decke darauflegen und die Torte mindestens 5 Stunden in den Kühlschrank stellen.

Allgäuer Kirschkuchen

1 Für den Mürbeteig das Mehl, die Mandeln, den Zucker, den Vanillezucker und das Backpulver in einer Schüssel mischen. Die Butter in Flöckchen darauf verteilen, das Ei dazugeben und alles schnell zu einem glatten Teig verkneten. Den Teig für 30 Minuten in den Kühlschrank stellen.

2 Den Backofen auf 180 °C vorheizen.

3 Den Teig auf einer leicht bemehlten Arbeitsfläche ausrollen und in eine gefettete Springform legen. Den Rand hochziehen. Mehrmals mit einer Gabel in den Teigboden stechen.

4 Für den Belag die gemahlenen Mandeln darüberstreuen. Die Sauerkirschen in einem Sieb abtropfen lassen. Aus der Milch, dem Zucker und dem Vanillepuddingpulver nach Packungsanleitung einen Pudding kochen. Die Sauerkirschen auf dem Boden verteilen und den Pudding heiß darübergeben.

5 Die Form auf dem Rost in den vorgeheizten Backofen schieben und den Kuchen 10 Minuten backen.

6 Inzwischen für den Guss den Zucker, die Butter, die Mandelblättchen und die Sahne in einem Topf verrühren und kurz aufkochen lassen. Den Kuchen aus dem Backofen nehmen und den warmen Guss über den Pudding geben.

7 Die Form wieder auf dem Rost in den vorgeheizten Backofen schieben und den Kuchen in 35 Minuten fertig backen. Am Ende der Backzeit sollten die Mandeln eine goldgelbe Farbe haben.

Für den Mürbeteig:

200 g Mehl
100 g gemahlene Mandeln
100 g Zucker
2 EL Vanillezucker
2 TL Backpulver
125 g Butter
1 Ei

Für den Belag:

2 EL gemahlene Mandeln
1 Glas Sauerkirschen
750 ml Milch
3–4 EL Zucker
2 Päckchen Vanillepuddingpulver

Für den Guss:

75 g Zucker
75 g Butter
125 g Mandelblättchen
1 EL Schlagsahne

Moment, noch zwei Becher zum Schlagen! So was darf man doch nicht vergessen!

Das müsste doch eigentlich auch mit Heidelbeeren gehen, oder? Die würden ja genauso wenig kosten wie die Kirschen vom eigenen Baum, wenn man sie bei einer Bergtour mitnimmt ... Nur die Mandeln, die müssten Sie halt kaufen. Und das Puddingpulver, das Mehl ...

Früchtebrot

Zutaten:
1 kg Äpfel, geschält und klein gehobelt

Ruhig auch Fallobst, das kostet nix! Oder Sie suchen sich einen schönen herrenlosen Apfelbaum an der Straße und klauben auf!

250 g Zucker
½ TL gemahlener Zimt
½ TL Nelkenpulver
1 EL Kakaopulver
5 EL Rum
150 g Rosinen (oder Cranberrys, Korinthen)
100 g Dörrpflaumen (oder anderes Trockenobst), grob geschnitten
100 g Mandeln, blanchiert und geschält
100 g Walnüsse (oder Haselnüsse)
500 g Mehl
1 Päckchen Backpulver

1 Die gehobelten Äpfel mit dem Zucker, dem Zimt, dem Nelkenpulver, dem Kakaopulver und dem Rum in einer Schüssel gut verrühren.
2 Die Rosinen, die Dörrpflaumen, die Mandeln und die Walnüsse unterheben. Die Mischung über Nacht stehen lassen.
3 Am nächsten Tag den Backofen auf 200 °C vorheizen.
4 Das Mehl und das Backpulver unter die Früchte mischen und die Masse in zwei gefettete Kastenformen geben.
5 Die Formen jeweils auf dem Rost in den vorgeheizten Backofen schieben und die Früchtebrote jeweils 1 Stunde backen.

Muss das nicht „Korinther" heißen?

Am besten aus dem Garten und selber getrocknet!

Rahmguss! Allein dieses Wort! Ein Traum!

Apfelkuchen mit Rahmguss

1 Für den Mürbeteig die Butter mit dem Zucker in einer Schüssel schön schaumig rühren. Das Ei dazugeben und den Teig weiterschlagen. Das Mehl, die Mandeln, das Backpulver, die Zitronenschale und 1 EL Wasser unterrühren und den Teig rasch verkneten. Den Teig 30 Minuten kalt stellen.
2 Den Backofen auf 200 °C vorheizen.
3 Den Teig auf einer leicht bemehlten Arbeitsfläche ausrollen, in eine gefettete Springform legen und einen Rand hochziehen.
4 Für den Belag die Apfelspalten auf dem Boden verteilen. Die Sultaninen und die Mandeln ebenfalls gleichmäßig darauf verteilen und den Zucker darüberstreuen.
5 Die Form auf dem Rost in den vorgeheizten Backofen schieben und den Kuchen 25 Minuten backen.
6 In der Zwischenzeit für den Rahmguss die Eigelbe mit dem Zucker in einer Schüssel sehr schaumig rühren, den Sauerrahm und den Rum dazugeben und verrühren. Das Eiweiß in einer zweiten Schüssel zu sehr steifem Eischnee schlagen und unterheben.
7 Die Form aus dem Backofen nehmen und den Rahmguss sofort auf den halbgar gebackenen Kuchen geben. Die Form wieder auf dem Rost in den vorgeheizten Backofen schieben und in weiteren 20–25 Minuten fertig backen. Den Apfelkuchen mit Puderzucker bestäuben und servieren.

Für den Mürbeteig:
150 g Butter
60 g Zucker
1 Ei
100 g Mehl
100 g gemahlene Mandeln
1 Messerspitze Backpulver
etwas abgeriebene Schale von 1 unbehandelten Zitrone

Für den Belag:
750 g Äpfel, geschält und in Spalten geschnitten
50 g Sultaninen
50 g gehackte Mandeln
50 g Zucker

Für den Rahmguss:
3 Eigelb
80 g Zucker
125 g Sauerrahm
1 EL Rum
3 Eiweiß
2 EL Puderzucker

Das Ganze klappt auch mit Kirschen, Aprikosen oder Quark.
Und machen Sie ruhig ein paar Liter Vanillesoße dazu, von
der feinen mit den kleinen schwarzen Pünktchen, davon kann
man eigentlich nie genug haben!

Apfelstrudel

Für den Teig:

250 g Mehl
1 EL Öl
1 Ei
125 ml lauwarmes Wasser
etwas Öl

Für die Füllung:

2 kg Äpfel, geschält und
feinblättrig geschnitten
100 g fein gemahlene
Nüsse oder Mandeln
100 g Sultaninen
100 g Zucker
1 TL gemahlener Zimt
2 EL Rum

Außerdem:

50 g zerlassene Butter
2 EL Puderzucker

1 Für den Teig das Mehl auf ein Backbrett sieben und in die Mitte eine Mulde drücken. In die Mehlmulde das Öl, das Ei und das lauwarme Wasser (nicht die ganze Menge, sondern nach Bedarf) geben. Die Mischung rasch zu einem weichen und geschmeidigen Teig verarbeiten. Mit der Hand schlagen, bis er glatt und elastisch ist.

2 Den Teig in zwei Portionen teilen und glatt streichen. Leicht mit Öl bepinseln, in Frischhaltefolie wickeln und 30 Minuten ruhen lassen.

3 In der Zwischenzeit für die Füllung die Äpfel, die Nüsse oder Mandeln und die Sultaninen mit dem Zucker, dem Zimt und dem Rum in einer Schüssel vermischen. Die Füllmasse zugedeckt ruhen lassen. Den Backofen auf 200 °C vorheizen.

4 Den Strudel ausziehen. Dafür zunächst den Teig auf einem leicht bemehlten Geschirrtuch ausrollen. Wenn er etwa tellergroß ist, mit der Hand weiter ausziehen, bis er gleichmäßig hauchdünn ist (Muster im Geschirrtuch sollte gut sichtbar sein!).

5 Den Strudel mit etwas zerlassener Butter bestreichen und die Füllung daraufgeben. Dabei die Ränder frei lassen. Nochmals mit etwas Butter bepinseln und die Teigränder einschlagen. Die eingeschlagenen Ränder wieder mit etwas Butter bepinseln und den Strudel vorsichtig mithilfe des Geschirrtuchs aufrollen.

6 Den Strudel mit der Nahtseite nach unten auf ein gefettetes Backblech setzen. Das Backblech in den vorgeheizten Backofen schieben und den Strudel je nach Größe 30–40 Minuten backen. Während des Backens mehrmals mit der restlichen zerlassenen Butter bestreichen.

7 Am besten den Strudel vor dem Anrichten etwas ruhen lassen, so läuft der Obstsaft nicht aus. Mit Puderzucker bestäuben und servieren.

Mein Tipp:
Ich ess das ja wirklich gerne am Funkensonntag, da freu ich mich jedes Jahr drauf. Aber hin und wieder sollte man auch mal zum Feuer schauen, sonst ist das abgebrannt, bevor man sein letztes Küchle verdrückt hat. Ist mir schon passiert.

Auszogene

1 Die Hefe mit etwas Zucker in einem Schälchen verrühren und etwas lauwarme Milch dazugeben.
2 Das Mehl mit dem Salz in eine Schüssel geben, eine Mulde in die Mitte drücken und das Milch-Hefe-Zucker-Gemisch hineingießen. Den Teig mit etwas Mehl bestäuben und zugedeckt so lange gehen lassen, bis sich sein Volumen fast verdoppelt hat.
3 Dann die Eier, die Butter, den restlichen Zucker und die restliche lauwarme Milch hinzugeben und den Teig sehr gut schlagen.
4 Ohne den Teig gehen zu lassen, kleine Nudeln von dem Teig abstechen. Kugeln daraus formen und diese zugedeckt 30 Minuten gehen lassen.
5 Die Kugeln mit gefetteten Fingern von der Mitte her ausziehen, so dass sich außen ein starker, fingerdicker Rand bildet, das kreisrunde Innenfeld jedoch papierdünn wird.

Zutaten:
20 g Hefe
50 g Zucker
250 ml lauwarme Milch
500 g Mehl
1 Prise Salz
2 Eier
50 g Butter
Butterschmalz zum Ausbacken
2 EL Puderzucker

Meine Oma hat die Küchle noch übers Knie gezogen. Und mich hat sie manchmal übers Knie gelegt, aber das ist eine andere Geschichte ...

6 In der Zwischenzeit das Butterschmalz in einem hohen Topf erhitzen.
7 Die Küchle darin sofort schwimmend ausbacken, bis sie außen goldbraun und in der Mitte hellgelb sind. Während des Backens mehrmals mit Fett begießen und einmal wenden. Mit einem Schaumlöffel herausnehmen und auf Küchenkrepp abtropfen lassen.
8 Die Küchle mit Puderzucker bestäuben und servieren.

Wä... was?

Erikas Aprikosenwähe

Für den Teig:
200 g Mehl
100 g Butter
1 Prise Salz
4 EL Wasser
2 EL Zucker

Für den Belag:
3 EL gemahlene Mandeln
1 kg Aprikosen, gewaschen, halbiert und entsteint

Für den Eierguss:
2 Eier
250 ml Milch
4 EL Zucker
1 EL Speisestärke

Wähe kann ich von Wählhalm Busch: Wähe, wähe, wann ich auf das Andä sähä!

1 Für den Teig das Mehl auf ein Backbrett sieben und die Butter in kleinen Flöckchen daraufsetzen. Das Salz in dem Wasser auflösen und mit dem Mehl, der Butter und dem Zucker rasch zu einem glatten Teig verarbeiten. Den Teig in Frischhaltefolie wickeln und 1 Stunde ruhen lassen.
2 Den Backofen auf 230 °C vorheizen.
3 Den Teig auf einer leicht bemehlten Arbeitsfläche 3 Millimeter dick ausrollen und in eine gefettete Springform legen. Einen hohen Teigrand formen und den Boden mehrmals mit einer Gabel einstechen. Die gemahlenen Mandeln daraufstreuen.
4 Nun die Aprikosen kranzförmig dicht nebeneinander auf den Boden legen.
5 Die Form auf dem Rost in den vorgeheizten Backofen schieben und den Kuchen 10 Minuten backen.
6 Inzwischen für den Eierguss die Eier, die Milch, den Zucker und die Speisestärke in einer Schüssel gut verquirlen. Die Form aus dem Backofen nehmen und den Guss über den Kuchen gießen.
7 Die Form wieder auf dem Rost in den vorgeheizten Backofen schieben und den Kuchen in weiteren 25 Minuten fertig backen.

Wissen Sie, was mich schon lange interessiert? Woher wissen die Wespen, wann es den ersten Datschi gibt? Haben die so eine Art Spitzel, so IMs, die sich ganz vereinzelt im Hintergrund halten, von oberhalb der Wolkendecke die Terrassen im Allgäu beobachten, bis zu diesem einen Kaffeetrinken auf der Terrasse, zu dem sie dann ruck, zuck ihre ganze Sippschaft einfliegen lassen, die dann nicht mehr verschwindet, bis der erste Schnee liegt? Oder haben Sie schon einmal eine Wespe vor dem ersten Datschi gesehen?

Zwetschgendatschi

1 Die Hefe mit etwas Zucker in einem Schälchen verrühren und etwas lauwarme Milch dazugeben.
2 Das Mehl auf ein Backbrett sieben. In die Mitte eine Mulde drücken und das Milch-Hefe-Zucker-Gemisch hineingießen. Den Teig mit etwas Mehl bestäuben und 15 Minuten gehen lassen.
3 Das Salz, das Ei, den restlichen Zucker, die restliche lauwarme Milch und die Butter zum Teig geben und kräftig kneten. Den Hefeteig zugedeckt nochmals 30 Minuten gehen lassen.
4 Den Backofen auf 200 °C vorheizen.
5 Den gegangenen Teig nochmals kurz durchkneten und auf einem gefetteten Backblech ausrollen. Einen fingerdicken Rand formen. Die Zwetschgen mit der Wölbung nach unten dicht nebeneinander auf den Teig legen.
6 Das Backblech in den vorgeheizten Backofen schieben und den Zwetschgendatschi 30–40 Minuten backen.
7 Das Backblech aus dem Backofen nehmen und den Zucker und den Zimt auf den heißen Kuchen streuen. Den Datschi mit Schlagsahne servieren.

Zutaten:
20 g frische Hefe
90 g Zucker
200 ml lauwarme Milch
400 g Mehl
1 Prise Salz
1 Ei
75 g zerlassene Butter
1 kg Zwetschgen, gewaschen und entsteint
etwas Zimt
etwas Zucker

Allgäuer Käsekuchen

1 Den Backofen auf 180 °C vorheizen.

2 Für den Mürbeteig die weiche Butter mit dem Zucker, dem Ei und dem Mehl in einer Schüssel verkneten.

3 Den Mürbeteig auf einer leicht bemehlten Arbeitsfläche ausrollen und in eine gefettete Springform legen. Den Rand hochziehen.

4 Für die Käsemasse die Butter und den Zucker in einer Schüssel verrühren, nach und nach die Eier dazugeben und gut schaumig rühren. Den Quark, das Vanillepuddingpulver, den Zitronensaft und den Vanillezucker unterrühren. Die Käsemasse auf den Teig geben.

5 Die Form auf dem Rost in den vorgeheizten Backofen schieben und den Kuchen 60 Minuten backen. Wird der Käsekuchen zu dunkel, ihn eventuell mit Alufolie abdecken. Wenn sich auf der Oberfläche deutliche Risse bilden, ist der Käsekuchen fertig.

Reiner Etikettenschwindel, wenn Sie mich fragen!

Für den Mürbeteig:

200 g weiche Butter
100 g Zucker
1 Ei
300 g Mehl

Für die Käsemasse:

200 g Butter
200 g Zucker
4 Eier
1 kg Magerquark
2 Päckchen Vanillepud-dingpulver
Saft von 1/2 Zitrone
2 EL Vanillezucker

He! Da fehlt doch der Käs!

Trinken Sie doch zum Käsekuchen einen Kaffee. Aber einen richtigen, einen ganzen Hafen voll am besten. Mal keine Latte und keinen „con Leche", auch keinen Cappuccino oder Espresso oder Ristretto oder einen ähnlichen Firlefanz. Noch nicht mal einen Einspänner oder eine Melange. Nein. Einen Filterkaffee. So einen wie in der Werbung, wo die Verkäufe-rinnen so schöne Schürzen anhaben, oder so einen, wo der Kaffeeonkel zu Hause vorbeikommt, oder den mit der Krone oder dem Diadem oder so. Einen echten, guten alten Filter-kaffee aus der Maschine mit dem Tropfschutzfilterhalter und den naturbraunen Filtertüten, wo man noch die Ecken ein-falten muss. Mal was ganz anderes eben ...

Memminger Zuckerbrot *+ 1 Peitsche ;-)*

Zutaten:
30 g frische Hefe
150 g Zucker
375 ml lauwarme Milch
750 g Mehl
1 Prise Salz
75 g Butter
2 EL Kirschwasser
50 g Zitronat, sehr fein gehackt
Saft von ½ Zitrone
1 Eigelb
2 EL Hagelzucker

1 Die Hefe mit etwas Zucker in einem Schälchen verrühren und etwas lauwarme Milch dazugeben.
2 Das Mehl mit dem Salz in eine Schüssel geben, eine Mulde in die Mitte drücken und das Milch-Hefe-Zucker-Gemisch hineingießen. Den Teig mit etwas Mehl bestäuben und zugedeckt so lange gehen lassen, bis sich sein Volumen fast verdoppelt hat.
3 Dann die Butter, den restlichen Zucker und die restliche lauwarme Milch hinzugeben und den Teig sehr gut schlagen. Das Kirschwasser, das Zitronat und den Zitronensaft unterkneten.
4 Den Teig in 16 Portionen teilen, zu Kugeln formen und nochmals 15 Minuten gehen lassen.
5 Den Backofen auf 180 °C vorheizen.
6 8 Kugeln eng nebeneinander auf den Boden einer gefetteten Kastenform setzen, die restlichen 8 Kugeln mit einem scharfen Messer kreuzweise einschneiden und daraufsetzen. Den Teig in der Kastenform nochmals kurz gehen lassen.
7 Das Eigelb verquirlen, das Zuckerbrot damit bestreichen und mit Hagelzucker bestreuen.
8 Die Form auf dem Rost in den vorgeheizten Backofen schieben und das Zuckerbrot 45–55 Minuten backen.

Dazu braucht es weder altbackene Seelen noch müssen Sie anderweitig auf Seelenfang gehen: Der Zopf war einfach ein traditionelles Gebäck zu Allerheiligen beziehungsweise Allerseelen. Da bekam man ihn angeblich vom Paten geschenkt. Der heißt im Allgäu übrigens Dodel. Ist aber nicht zwangsläufig einer.

Seelenzopf

Zutaten:
20 g frische Hefe
1 EL Zucker
125 ml lauwarme Milch
200 g Mehl
1 Prise Salz
50 g Rosinen
abgeriebene Schale von ½ unbehandelten Zitrone
1 Eigelb

1 Die Hefe mit dem Zucker in einem Schälchen verrühren und etwas lauwarme Milch dazugeben.
2 Das Mehl mit dem Salz in eine Schüssel geben, eine Mulde in die Mitte drücken und das Milch-Hefe-Zucker-Gemisch hineingießen. Den Vorteig bis zur doppelten Größe gehen lassen, dann die restliche Milch, die Rosinen und die Zitronenschale dazugeben und kräftig kneten. Den Teig 1 Stunde gehen lassen.
3 Den Backofen auf 175 °C vorheizen.
4 Dann den Teig in drei Stücke teilen und diese zu länglichen Strängen rollen. Aus den drei Strängen einen Zopf flechten.
5 Den Seelenzopf auf ein gefettetes Backblech legen und noch einmal kurz gehen lassen. Mit Eigelb bestreichen.
6 Das Backblech in den vorgeheizten Backofen schieben und den Zopf 50–60 Minuten backen.

Sie müssen nicht zum Zelten gehen. Können Sie auch ruhig zu Hause genießen.

Speckzelten

1 Für den Hefeteig die Hefe mit dem Zucker in einem Schälchen verrühren und etwas lauwarme Milch dazugeben.
2 Das Mehl auf ein Backbrett sieben und mit dem Salz mischen. In die Mitte eine Mulde drücken und das Milch-Hefe-Zucker-Gemisch hineingießen. Den Teig mit etwas Mehl bestäuben und zugedeckt an einem warmen Ort 30 Minuten gehen lassen.
3 Die Butter und die restliche lauwarme Milch hinzufügen und den Teig kräftig kneten.
4 Den Backofen auf 175 °C vorheizen.
5 Aus dem Teig Fladen von etwa 10 Zentimeter Durchmesser mit einem kleinen Rand formen und auf ein gefettetes Backblech legen.
6 Für den Belag das Eigelb mit dem Sauerrahm verquirlen und auf die Fladen streichen. Den gewürfelten Speck, die Zwiebel und den Kümmel darauf verteilen.
7 Das Backblech in den vorgeheizten Backofen schieben und die Fladen 30 Minuten backen.
8 Die Speckzelten mit Schnittlauch bestreuen und heiß servieren.

Für den Teig:
10 g frische Hefe
1 Prise Zucker
250 ml lauwarme Milch
500 g Mehl
½ TL Salz
30 g zerlassene Butter

Für den Belag:
1 Eigelb
3 EL Sauerrahm
300 g roher, geräucherter Speck, gewürfelt
1 Zwiebel, geschält und gehackt
1 EL Kümmel
1 EL Schnittlauchröllchen

Spargerichte vom Pfennigfuchser Kluftinger

Gutes muss nicht teuer sein, und wenn's nach Kluftinger geht, darf es das auch nicht. Und es muss auch nicht immer Fleisch sein, sechsmal die Woche reicht. Dazwischen aber mag es der Kommissar gern einfach. Unprätentiös, wie der Doktor es nennen würde.
Kluftinger ist nicht geizig, aber er geht gerne mal in den Wald und sammelt Pilze, wo sie nix kosten und nicht aus Serbien kommen. Bei Kluftingers wirft man kein Brot weg, sondern macht noch etwas draus, und die Kartoffeln vom Vortag werden auch verwertet. Teure Gerichte schmecken sowieso dann am besten, wenn sie andere kochen und man eingeladen ist.

Gröstl *Sprich: Greeeschtl*

Zutaten:
Kartoffeln, vom Vortag

Wenn Sie jetzt am Vortag einen recht gefräßigen Gast hatten, müssen Sie sich halt ein anderes Rezept raussuchen!

1 ½ EL Butter
1 Zwiebel, geschält und fein gehackt
Suppenfleisch, vom Vortag
Salz
schwarzer Pfeffer
1 TL Kümmel
1 Ei

1 Die Kartoffeln in Scheiben schneiden. 1 Esslöffel Butter in einer Pfanne erhitzen und die Zwiebel darin anbraten. Die Kartoffelscheiben zu der Zwiebel geben und mitbraten.
2 Das Suppenfleisch in kleine Stückchen schneiden und ebenfalls in die Pfanne geben. Alles gut miteinander vermischen und bei geringer Hitze einige Minuten braten. Mit Salz, Pfeffer und dem Kümmel würzen.
3 In einer zweiten Pfanne die restliche Butter erhitzen, das Ei vorsichtig aufschlagen, in die Pfanne gleiten lassen und darin braten.
4 Das Gröstl anrichten und mit dem Spiegelei servieren.

... falls der Spatzenhobel mal klemmt!

Käskartoffeln

1 Die Kartoffeln mit Salzwasser bedeckt in einem Topf zum Kochen bringen und 10–15 Minuten zugedeckt kochen lassen.
2 In der Zwischenzeit die Butter in einer Pfanne erhitzen und die Zwiebel darin anbraten.
3 Die noch heißen Kartoffeln in eine Schüssel geben, die Zwiebel und Sahne hinzugeben und den geriebenen Käse unterheben. Mit Salz und Pfeffer würzen.
4 Die Käskartoffeln mit den Schnittlauchröllchen bestreuen und servieren.

Zutaten:
500 g Kartoffeln, geschält und in kleine Stücke geschnitten
1 EL Butter
1 Zwiebel, geschält und fein gehackt
50 g Schlagsahne
150 g Bergkäse, gerieben
Salz
schwarzer Pfeffer
1 EL Schnittlauchröllchen

Spargerichte vom Pfennigfuchser Kluftinger

Arme Ritter

Sparsam, sparsam. Lässt sich aber problemlos mit einem vernünftigen Kompott oder einem guten Vanilleeis zu normalen Rittern umwandeln. Und wenn Langhammer ein Parfait oder eine Mousse dazu macht, dann werden's sogar noch edle Ritter.

Zutaten:

4 altbackene Semmeln
1 Eigelb
250 ml Milch
abgeriebene Schale von
1 unbehandelten Zitrone
20 g Zucker
3 EL Vanillezucker
1 Eiweiß
1–2 EL Wasser
Semmelbrösel
Butterschmalz zum
Ausbacken
etwas Zimt
etwas Zucker

1 Die altbackenen Semmeln mit dem Reibeisen (Haushaltsreibe) ringsherum abreiben und die Semmeln halbieren. Die Semmelbrösel in einen tiefen Teller geben und zum Panieren beiseitestellen.
2 Das Eigelb mit der Milch, der Zitronenschale, dem Zucker und dem Vanillezucker in einer Schüssel vermischen. Die Semmelhälften hineinlegen, einweichen lassen und vorsichtig ausdrücken.
3 Das Eiweiß mit dem Wasser in einem tiefen Teller verquirlen. Die Semmelhälften erst in dem Eiweiß, dann in den Semmelbröseln wenden.
4 Das Butterschmalz in einem Topf erhitzen und die panierten Semmelhälften darin schwimmend ausbacken. Mit Zimt und Zucker bestreuen und servieren.

Brotsuppe

Noch besser: Zwei Scheiben Schwarzbrot mit ordentlich Butter bestreichen, Lauch, Zwiebeln und Sellerie weglassen, den Sauerrahm wieder in den Kühlschrank stellen und dann ein gescheites Schnittlauchbrot machen. Salz und Pfeffer drauf, ein Paar Schübling dazu und Sie haben ein tolles Abendessen!

Zutaten:

20 g Butter
1 Zwiebel, geschält und
fein gehackt
½ Karotte, klein geraspelt
1 kleines Stück Knollen-
sellerie, klein geraspelt
1 kleines Stück Lauch,
klein geraspelt
120 g Schwarzbrot, klein
geschnitten
1 l Brühe
Salz
1–2 EL Sauerrahm
1 EL Schnittlauchröllchen

1 Die Butter in einem Topf erhitzen und das Wurzelgemüse darin anbraten. Das Schwarzbrot hinzugeben und mit anbraten.
2 Die Brühe aufgießen und die Suppe bei kleiner Hitze 20 Minuten köcheln lassen.
3 Die Suppe mit Salz und dem Sauerrahm abschmecken, mit den Schnittlauchröllchen bestreuen und servieren.

Oder, für Klufti: ganz arg saure Leber

Saure Leber

1 Die Leber waschen, mit Küchenpapier trocken tupfen und in fingerdicke Streifen schneiden.
2 Die Butter in einer Pfanne erhitzen und die Zwiebeln darin glasig anbraten.
3 Die Leber hinzugeben und mitbraten. Sobald sie eine graue Farbe angenommen hat, das Mehl darüberstreuen und kurz mit anbraten.
4 Das Wasser und den Essig angießen und die Leber 3 Minuten zugedeckt garen lassen.
5 Die Sauce mit dem Zucker, dem Sauerrahm und Salz abschmecken und das Ganze sofort servieren.

Eine ganz arg saure Leber erhält man mit der doppelten Menge Essig. Die bereitet Erika ihrem Mann in einer Extrapfanne zu.

Zutaten:
500 g Kalbsleber
40 g Butter
2 Zwiebeln, geschält und in schmale Streifen geschnitten
1 EL Mehl
250 ml Wasser
3 EL Weinessig
1 Prise Zucker
3 EL Sauerrahm
Salz

Dazu trinkt man ein Bier. Oder ein Radler. Ein Spezi vielleicht noch oder einen Sprudel. Notfalls ein Gläsle Most. Aber sicher keinen Wein, das sag ich Ihnen!

Kutteln muss man eigentlich auch gar nicht kaufen. Und auch nicht kochen.

Saure Kutteln

1 Das Schweineschmalz in einem Topf erhitzen, das Mehl einrühren und darin anbräunen lassen. Die Wacholderbeeren und die Lorbeerblätter dazugeben und mit der Brühe aufgießen. Das Ganze gut verrühren, zum Kochen bringen und 20 Minuten kochen lassen.
2 Mit dem Weinessig, Salz und dem Zucker abschmecken. Die Kutteln hinzugeben und zugedeckt 15 Minuten darin ziehen lassen.
3 Die Kutteln herausnehmen und mit Semmelknödeln servieren.

Zutaten:
1 EL Schweineschmalz
300 g Mehl
10 Wacholderbeeren
3 Lorbeerblätter
1 l Brühe
etwas Weinessig
Salz
etwas Zucker
250 g Kutteln, gekocht und geschnitten

Spargerichte vom Pfennigfuchser Kluftinger **179**

Wissen Sie was? Letzten Herbst hat die Erika den Langhammer eingeladen, weil ich so viele Steinpilze und Pfifferlinge gefunden hab! Und er hat abgesagt! Pilze isst er nur, wenn er sie selbst gefunden hat! Dabei würd ich ja nie ... also ich mein, ich würd ... ja wohl kaum ... nur unter besonderen Umständen ... einen Speitäubling drunterischen unter das Omelette vom Doktor!

Pfifferlingsomelette

1 Die Eier mit der Milch in einer Schüssel verquirlen und mit Salz, Pfeffer und dem Paprikapulver würzen.

2 1 Esslöffel Butter in einer Pfanne erhitzen und die Zwiebel darin glasig anbraten. Die Pfifferlinge dazugeben und mit anbraten. Die Pfifferlinge und die Zwiebel aus der Pfanne nehmen und beiseitestellen. Die Pfanne auswischen.

3 Die restliche Butter in der Pfanne erhitzen und die Eiermischung hineingießen. Die Eiermischung kurz stocken lassen, dann die Pfifferlinge und die Zwiebel darauf verteilen. Die Hitze reduzieren und das Omelette weiterbacken.

4 Die Petersilie daraufstreuen und das Omelette vorsichtig am Rand von der Pfanne lösen. Mit einem Pfannenwender zusammenklappen und servieren.

Zutaten:
2 Eier
2 EL Milch
Salz
schwarzer Pfeffer
1 Prise Paprikapulver, edelsüß
2 EL Butter
1 Zwiebel, geschält und fein gewürfelt
200 g Pfifferlinge, klein geschnitten

... und vorher gefunden, daran denkt wieder niemand! Typisch, das ist ja die Hauptarbeit!

1 EL fein gehackte Petersilie

Spargerichte vom Pfennigfuchser Kluftinger **181**

Bitte so planen, dass nachher ein Rest übrig bleibt, der nicht für ein ganzes Glas reicht! Ich kipp mir den dann immer noch heiß übers Eis!

Erdbeer-Rhabarber-Bananen-Konfitüre

1 Die klein geschnittenen Früchte in einen Topf geben und mit dem Zucker langsam zum Kochen bringen. Die weichen Früchte mit einem Pürierstab nach Wunsch zerkleinern.
2 Den Gelierzucker dazugeben und das Fruchtmus unter ständigem Rühren zum Kochen bringen. Das Ganze mindestens 3 Minuten sprudelnd kochen lassen.
3 Die Marmelade in Gläser füllen, sofort verschließen und die Gläser etwa 5 Minuten auf den Deckeln stehen lassen.

Zutaten:
600 g Erdbeeren, klein geschnitten

Natürlich aus dem Garten! Falls Sie keinen haben: alle aus Langhammers Garten holen.

200 g Rhabarber, klein geschnitten — *Garten*
200 g Bananen, geschält und klein geschnitten

Gar ... oh, müssen Sie wohl kaufen!

1–2 EL Zucker
1 kg Gelierzucker 1:1 oder
500 g Gelierzucker 2:1

Spargerichte vom Pfennigfuchser Kluftinger **183**

Register

Allgäuer Filettöpfle 48
Allgäuer Käsekuchen 159
Allgäuer Kirschkuchen 141
Apfelkuchen mit Rahmguss 145
Apfelküchle 108
Apfelspatzen 111
Apfelstrudel 148
Arme Ritter 174
Auszogene 151
Backspätzlesuppe 92
Biskuitstreiflesuppe 101
Brandteigknödelsuppe 91
Brätknödelsuppe 96
Brätspätzlesuppe 96
Brätstrudelsuppe 95
Brotsuppe 174
Dampfnudeln 112
Eingemachtes Kalbfleisch 21
Erdbeer-Rhabarber-Bananen-
 Konfitüre 183
Erikas Aprikosenwähe 152
Flädlesuppe 98
Fleischküchle 22
Früchtebrot 142
Gefüllte Kalbsbrust 31
Grießknödelsuppe 98
Grießschnitten 115
Grillmarinade, Kluftingers feine 36
Gröstl 170
Grüne Krapfen 101
Gschwollene mit Kartoffelsalat 63
Gulasch à la Kluftingers 18
Hackfleisch
 Abgeröstete Maultaschen 64
 Fleischküchle 22
Hochzeitssuppe 87
Holderküchle 115
Kalb
 Abgeröstete Maultaschen 64
 Allgäuer Filettöpfle 48
 Brätknödelsuppe 96
 Brätspätzlesuppe 96
 Brätstrudelsuppe 95
 Eingemachtes Kalbfleisch 21
 Gefüllte Kalbsbrust 31
Kartoffeln
 Gröstl 170
 Gschwollene mit Kartoffelsalat 63
 Käskartoffeln 173
 Kartoffelnudeln 116
 Zwetschgenknödel 132
Käse
 Allgäuer Filettöpfle 48
 Käsestrudel 74
 Käskartoffeln 173
 Kässpatzen 25
 Kässuppe 104
 Saurer Käs 66
 Spinatspätzle 28
 Tomatenspätzle 28
 Überbackene Seelen 77
 Wurstsalat 80

Käsekuchen, Allgäuer 159
Kirschen
 Allgäuer Kirschkuchen 141
 Kirschenmichel 121
 Kluftingers himmlische
  Lieblingstorte 136
Kluftingers feine Grillmarinade 36
Kluftingers himmlische
 Lieblingstorte 136
Kratzet 116
Krautkrapfen 129
Krautschupfnudeln 130
Krautspatzen 129
Leber
 Leberknödelsuppe 42
 Leberspätzlesuppe 92
 Saure Leber 179
Maultaschen, abgeröstete 64
Memminger Zuckerbrot 160
Mostsuppe 104
Pfifferlingsomelette 181
Pilze
 Pfifferlingsomelette 181
 Rahmgeschnetzeltes mit
  gemischten Pilzen 41
Presssack, saurer 68
Rahmgeschnetzeltes mit
 gemischten Pilzen 41
Riebelesuppe 87
Rind
 Allgäuer Filettöpfle 48
 Rinderbrühe 84
 Rouladen 47
 Zwiebelrostbraten 54
Rinderbrühe 84
Rouladen 47
Sauerkraut
 Krautkrapfen 129
 Krautschupfnudeln 130
 Krautspatzen 129
Saure Kutteln 179
Saure Leber 179
Saurer Käs 66
Saurer Presssack 68
Scheiterhaufen 123
Schwein
 Allgäuer Filettöpfle 48
 Gulasch à la Kluftingers 18
 Rahmgeschnetzeltes mit
  gemischten Pilzen 41
 Schweinebraten 32
 Surbraten 53
 Tellersulz 71
Schweinebraten 32
Seelenzopf 162
Semmeln, altbackene
 Abgeröstete Maultaschen 64
 Arme Ritter 174
 Fleischküchle 22
 Gefüllte Kalbsbrust 31
 Kirschenmichel 121
 Leberknödelsuppe 42

Scheiterhaufen 123
Versoffene Jungfern 125
Zwetschgenknöpfle 132
Spatzen/Spätzle
 Allgäuer Filettöpfle 48
 Apfelspatzen 111
 Brätspätzlesuppe 96
 Kässpatzen 25
 Krautschupfnudeln 130
 Krautspatzen 129
 Leberspätzlesuppe 92
 Spinatspätzle 28
 Tomatenspätzle 28
Speck
 Krautkrapfen 129
 Krautschupfnudeln 130
 Rouladen 47
 Speckzelten 167
Spinat
 Grüne Krapfen 101
 Spinatspätzle 28
Surbraten 53
Tellersulz 71
Tomatenspätzle 28
Überbackene Seelen 77
Versoffene Jungfern 125
Wurstsalat 80
Zuckerbrot, Memminger 160
Zwetschgendatschi 157
Zwetschgenknödel 132
Zwetschgenknöpfle 132
Zwiebeln
 Kässpatzen 25
 Krautspatzen 129
 Tomatenspätzle 28
 Zwiebelrostbraten 54

Dank

Der Verlag, die Autoren und die Fotografinnen danken

allen voran **Huberta Wiedemann**: Mit der immer herzlichen Unterstützung der ganzen Familie fand auf ihrem wunderschönen Bauernhof auf dem Brackenberg die Fotoproduktion statt (www.schloss-bauer.de)
Familie Zeller, auf deren idyllischer Berghütte die Fotoproduktion ihren Abschluss fand (www.zeller-ferienhof.de)
  Gabi Körbe vom „Käsbuind Kranzegg", die uns mit den schönsten Stücken aus ihrer Käserei versorgt hat
dem Gasthof **„Jägersberg"**
Waltraud und Josef Ettensperger vom Café „Bergstüble"
Sandra Tober, staatlich geprüfte Sommelière und Restaurantmeisterin, die den Autoren Tipps für die Weinempfehlungen gab
den **Beamten des Polizeipräsidiums** Schwaben Süd/West in Kempten und der Polizeiinspektion in Sonthofen, die „für ihren Kluftinger alles tun" und uns Dienstwagen und Polizeimützen zur Verfügung stellten

Das Team

Die Fotografinnen

ULRIKE SCHMID und SABINE MADER arbeiten seit Jahren als kreatives Team zusammen in ihrem Fotostudio *Fotos mit Geschmack* im Fünfseenland vor den Toren Münchens. Dort fotografieren sie, wo das Licht am schönsten ist, im Studio, in der Küche oder unterm Birnbaum. Sie arbeiten für renommierte Verlage und Agenturen, ihre Bücher wurden mehrfach ausgezeichnet.
Die Fotos für das Kluftinger-Kochbuch entstanden in enger Zusammenarbeit mit Silke Kobr – Tatort war natürlich das Allgäu.

Ebenfalls erhältlich...

ISBN 978-3-88472-931-1

ISBN 978-3-88472-997-9

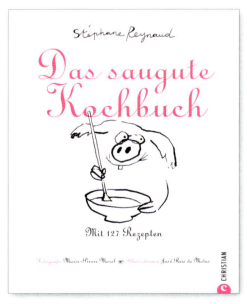

ISBN 978-3-86244-014-6

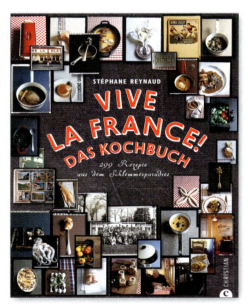

ISBN 978-3-88472-926-7

www.christian-verlag.de